Adalbert Metzinger

Verhaltensprobleme erkennen, verstehen und behandeln

Sozialpädagogische Praxis –
Arbeitsbücher für die Ausbildung von Erzieherinnen

Band 6
Verhaltensprobleme erkennen, verstehen und behandeln

Band 5
Bildungsarbeit erfolgreich planen

Band 4
Beobachten und Beurteilen in Kindergarten, Hort
und Heim

Band 3
Das sozialpädagogische Praktikum

Band 2
Wie Kinder kommunizieren

Band 1
Sozialpädagogische Arbeitsfelder im Überblick

Herausgegeben von Peter Thiesen

Adalbert Metzinger

Verhaltensprobleme erkennen, verstehen und behandeln

Beltz Verlag · Weinheim und Basel

BELTZ

Ihre Wünsche, Kritiken und Fragen richten Sie bitte an:
Beltz Verlag, Fachverlag Frühpädagogik
Werderstr. 10, 69469 Weinheim

ISBN 3-407-56282-9

1. Auflage 2005

05 06 07 08 09 5 4 3 2 1

Lektorat: Richard Grübling, Weinheim
Herstellung: Anja Kuhne, Weinheim
Satz, Druck und Bindung: Druckhaus »Thomas Müntzer«, Bad Langensalza
Umschlaggestaltung: glas ag, Seeheim-Jugenheim
Titelfotografie: Zefa, Düsseldorf
Printed in Germany

Weitere Informationen finden Sie im Internet unter
http://www.beltz.de

Inhalt

Vorwort des Herausgebers

Der Umgang mit den unterschiedlichsten Verhaltensproblemen von Kindern und Jugendlichen gehört zur Tagesarbeit von Erzieherinnen und Erziehern.

Schon immer gab es Kinder und Jugendliche, die anders waren als andere. Da hatten Eltern früher das niedlichste Kleinkind, das man sich denken kann. Jedem lachte es freundlich ins Gesicht. Und jetzt als Sechsjähriger tobt, kratzt und beißt der kleine Kerl zu Hause und im Kindergarten herum. Niemand scheint ihn in seinem ungestümen und aggressiven Verhalten bremsen zu können.

Ein heranwachsendes Mädchen leidet unter massiven Essstörungen und ein Fünfzehnjähriger dröhnt sich immer öfter mit Alkohol und Haschisch zu.

Nicht nur Eltern stehen oft hilflos vor diesen Phänomenen, auch ErzieherInnen stellt sich immer wieder die Frage, wie Kinder und Jugendliche derart aus der Spur laufen können.

In vielen Fällen sind Verhaltensauffälligkeiten eine Art Hilferuf, mit dem Kinder und Jugendliche auf sich aufmerksam machen, dass sie unglücklich sind. Einer Verhaltensstörung gehen in der Regel Verhaltensauffälligkeiten voraus.

Das Verhalten auffälliger Kinder wird von anderen Menschen abgelehnt. Sie lieben das Kind nicht besonders und bereiten ihm Schwierigkeiten. Dies gilt nicht nur für die Altersgenossen, sondern auch für Eltern, ErzieherInnen, LehrerInnen und Außenstehende wie Nachbarn und Bekannte.

Verhaltensauffällige Kinder können unglaublich anstrengend sein und ihre Eltern wie Erzieherinnen an den Rand ihrer Belastbarkeit bringen.

Heutige Kinder sind vielen Beeinflussungen ausgesetzt. Sie müssen sich beim Großwerden mit einer immer komplexer und immer hektischer werdenden Welt zurechtfinden. Das erfordert den kontrollierten Gebrauch der Sinne, das Zügeln von Aggressionen, den täglichen Umgang mit Frustrationen, Verzicht und Verhaltensflexibilität.

Damit Kinder diesen Anpassungsprozess möglichst unbeschadet durchlaufen, müssen sie sehr mutig sein und der Stabilität und Sicherheit zu ihren Bezugspersonen vertrauen können. Entscheidend ist, dass Eltern und ErzieherInnen die Beziehung zum »Problemkind« nicht aufgeben, sondern wach und beharrlich bleiben und nicht aufgeben, damit sich auch kleine Fortschritte im Verhalten registrieren lassen.

Um Kindern und Jugendlichen in ihrer Ganzheit gerecht zu werden, um Ursache-Wirkungs-Zusammenhänge zu erkennen, benötigen ErzieherInnen fundiertes Wissen. Dieses hilft ihnen auch, auffälliges Verhalten bzw. Handeln durch das Herausfinden von Sinnzusammenhängen besser zu verstehen. Die schwierigen Kinder von heute haben durchaus die Chance mit Hilfe liebender, geduldiger und konsequenter Eltern, verständnisvoller ErzieherInnen und kompetenter Berater zu interessanten Persönlichkeiten von morgen zu werden.

Im vorliegenden Band 6 der Reihe »Sozialpädagogische Praxis« stellt Adalbert Metzinger angehenden Erzieherinnen und Erziehern, kompakt, verständlich und fundiert die am häufigsten auftretenden Verhaltensauffälligkeiten und -störungen dar. Er zeigt konkrete Ansätze für das richtige erzieherische Vorgehen auf, gibt hilfreiche Hinweise für Beratung und Behandlung.

Das Arbeitsbuch ist ein unentbehrlicher kompakter Ratgeber für den Unterricht an Fachschulen/Fachakademien für Sozialpädagogik und die tägliche Praxis. Es trägt dazu bei, Verhaltensprobleme gemeinsam anzupacken und Krisen erfolgreich zu überwinden.

Peter Thiesen

1. Was sind Verhaltensauffälligkeiten und -störungen?

Die Bundesrepublik Deutschland hatte Ende 2001 nach Angaben des Statistischen Bundesamtes 82,4 Millionen Einwohner. Davon sind ca. 15 Millionen Kinder und Jugendliche. Fast alle Kinder und Jugendlichen sind auch einmal schwierig und bereiten den Eltern Sorgen. Entwicklungsabschnitte wie Autonomiephase und Pubertät sind häufig für Kinder und Eltern besonders belastend. Das ist normal. Wenn die Eltern Verständnis für ihre Kinder haben und sich selbst gut verstehen, können viele Probleme auch ohne fremde Hilfe gelöst werden. Eventuell besprechen die Eltern diese Probleme mit dem Kinderarzt, mit der ErzieherIn im Kindergarten und der LehrerIn in der Schule. Wird die Situation zu schwierig, wenden sich Eltern auch an Beratungsstellen und/oder Psychologen bzw. Therapeuten. Allerdings sind solche Schwierigkeiten nicht immer harmlos. Besonders wenn sie länger andauern, können sie Ausdruck einer tiefergehenden Entwicklungsstörung oder einer psychischen Krankheit sein. Solche Störungen und Krankheiten bei Kindern und Jugendlichen kommen häufiger vor, als man denkt:

- 20–25 Prozent aller Kinder und Jugendlichen leiden unter psychischen Störungen, Beschwerden und Problemen oder zeigen Auffälligkeiten. Das sind ca. 3 Millionen, von denen ungefähr eine Million dringend eine Behandlung brauchen.
- 5 Prozent aller Kinder bleiben in ihrer geistigen und psychischen Entwicklung zurück und werden im Vorschul- oder Schulalter oft in Sondereinrichtungen betreut.
- 15–20 Prozent aller Schulanfänger fallen ihren LehrerInnen durch ihr Verhalten auf. Sie sind stark gehemmt, übermäßig aggressiv oder sehr unruhig.

Täglich werden ErzieherInnen und LehrerInnen während ihrer Arbeit in Kindergärten, Schülerhorten, Heimen und Schulen mit Problemen konfrontiert, die von verhaltensauffälligen oder verhaltensgestörten Kindern bzw. Jugendlichen ausgehen. Störendes Verhalten, das die ErzieherInnen besonders beobachten, sind: Aggressionen, Narzismus, un-soziales Verhalten, Gehemmtheit, Passivität, Nervosität, Lernschwächen, Sprachstörungen, Unruhe, Einnässen und Entwicklungsverzögerungen. ErzieherInnen sind verständlicherweise verunsichert, weil ihnen die Beurteilung und Einschätzung solcher Verhaltensweisen Kopfzerbrechen bereiten. In der Tat fällt uns in der Praxis die Differenzierung und Klassifizierung zwischen »verhaltensgestört«, »verhaltensauffällig« und »normal« manchmal äußerst schwer. Ohne Zweifel liefern die vielfältigen begrifflichen Kennzeichnungen und Sypmtome auffälligen und gestörten Verhaltens ein nicht einheitliches Bild, weil letztendlich auch die Abgrenzungen und Übergänge zwischen den einzelnen Erscheinungsformen fließend sein können.

Kriterien zur Abgrenzung zwischen normalem und abweichendem Verhalten

Die Kriterien, nach denen ein Verhalten als »normal« oder »auffällig« beurteilt wird, sind sehr unterschiedlich. Die Normalität des Verhaltens ist keine absolute, messbare Größe. Es gibt keine verbindlichen Vorstellungen und Begriffe darüber was als psychisch krank, verhaltensgestört bzw. »normal« gilt. Die Bestimmung ob, ein Verhalten noch normal oder schon abweichend ist, hängt von dem jeweiligen Gesellschaftssystem und der jeweiligen Kultur ab. Konkret spielen dabei folgende Faktoren eine wichtige Rolle:

- Das Verhalten der Mitmenschen
- Die Gruppe, in der man sich befindet
- Die jeweils vorherrschenden sozio-kulturellen Normen
- Gesetzliche Bestimmungen
- Die jeweilige Position, die ein Mensch inne hat.

Die Bezeichungen »normal« und »nicht normal« (abnorm, abweichend) schließen einen gewissen Toleranzspielraum ein. Was z.B. für ein Kind normal ist, ist für einen Jugendlichen nicht mehr normal; vieles, was für einen Politiker erlaubt ist, ist z.B. für eine ErzieherIn nicht mehr erlaubt. Sind Kinder verhaltensgestört, wenn sie die Schule schwänzen (Warum? Wie oft?), aggressiv sind (Wie stark? In welcher Weise?), ängstlich und passiv sind (In welchen Situationen? Wie lange?)? Die Fragen in den Klammern verdeutlichen, dass wir erst durch Zusatzinformationen über Ausmaß, Dauer, Häufigkeit und Ausprägung der Verhaltensmerkmale klären können, ob ein Verhalten normal oder abweichend ist. Wenn ein Verhalten als vom Normalverhalten abweichend bestimmt wird, sind drei Kriterien zu beachten:

- *Statistische Norm*
  Als Norm gilt ein statistisch errechneter Durchschnittswert. In der Regel wird dabei das Merkmal mit der größten Häufigkeit als normal gekennzeichnet, also das, was die meisten Menschen tun. Der statistische Durchschnittswert fällt jedoch keineswegs immer mit dem sozial Wünschenswerten zusammen: »Gegen die unreflektierte Anwendung des statistischen Normbegriffes bestehen jedoch erhebliche Bedenken, vor allem, weil dadurch angepaßtes Verhalten erklärt werden kann. Allzuleicht erscheint das Übliche im Konformen verwirklicht, aber oft entsteht der Gesellschaft Nutzen durch nichtkonformes, unübliches Verhalten. So kann Abweichung auch erwünscht und Konformität schädlich sein« (Sagi, 1982, 17).
- *Sozio-kulturelle Norm*
  Vorherrschende und allgemein gültige Normen sowie gesetzliche Bestimmungen dienen hier als Orientierung. Normal ist ein Verhalten, das gesellschaftlich wünschenswert erscheint. Hier ist nicht das tatsächliche Verhalten der Ausgangspunkt, sondern die Erwartung, dass ein bestimmtes Verhalten auftreten wird. Die Norm des richtigen Verhaltens beinhaltet die ideale Norm als gesellschaftlicher Soll-Wert, die vom Einzelnen erfüllt werden soll.

- *Individuelle Norm*
  Normalität wird danach beurteilt, ob es von der persönlichen Norm abweicht oder nicht. Als Maßstab gilt hier die subjektive Einschätzung des Einzelnen, inwieweit das Verhalten den eigenen Vorstellungen entspricht.

Das Problem der Norm

Keiner der aufgeführten Normbegriffe bietet der ErzieherIn ausreichende Klarheit und Sicherheit, normales bzw. auffälliges Verhalten eindeutig zu beurteilen, denn das Normalverhalten verändert sich, ist in verschiedenen Zusammenhängen und Situationen unterschiedlich:

- *Abhängigkeit der Normen vom historischen und sozialen Wandel*
  Das jeweilige Menschenbild, die vorherrschende Weltanschauung, die momentanen politischen und wirtschaftlichen Gegebenheiten und die aktuellen Wertvorstellungen bestimmen die in der Gegenwart gültigen Normen. Ein Arzt z.B. hat Anfang des 17. Jahrhunderts folgende Beobachtungen eines Kindes festgehalten: »Der kleine Ludwig ist noch kein Jahr alt: Er lacht aus vollem Halse, als die Kinderfrau mit den Fingerspitzen seinen Piephahn hin und her bewegt. Mit einem Heh! hebt er seinen Rock hoch und zeigt seinen Piephahn. Er ist jetzt ein Jahr alt: Sehr lustig, übermütig, lässt jeden seinen Piephahn küssen. (Als einmal Besuch kommt) lacht er ihn aus vollem Halse an, hebt seinen Rock hoch, zeigt ihm seinen Piephahn, vor allem aber der Tochter, denn als er ihn ihr vorzeigt und dazu sein kleines Lachen lacht, schüttelt es ihn am ganzen Leibe. Er hat seinen Rock hochgehoben und ihr mit solchem Eifer seinen Piephahn gezeigt, dass er darüber außer sich geriet. Er legte sich auf den Rücken, um ihn ihr zu zeigen« (Aries, 1975, 175). Bei dem beschriebenen Kind handelt es sich um den kleinen Ludwig, den späteren Ludwig XIII. von Frankreich. Was aus damaliger Sicht als normal erschien, würde vom heutigen Standpunkt als sexueller Missbrauch eingestuft.
- *Abhängigkeit der Norm von Schicht- und Kulturzugehörigkeit*
  Normalität und Abweichung ist je nach der jeweiligen Kultur und sozialen Schicht unterschiedlich. Verschiedene Lebensbedingun-

gen und kulturelle Gegebenheiten bedingen zwangsläufig unterschiedliche normative Orientierungen. Jede Kultur hat ihr eigenes und unverwechselbares Gefüge, das ihr einen charakteristischen Begriff von dem verleiht, was als »normal« und was als »abnorm« bzw. »psychisch gestört« zu gelten hat. So fand z.B. Margaret Mead auf Bali eine für unsere Vorstellungen außergewöhnliche Sitte: »Der Penis des Knaben ist ein Gegenstand, mit dem seine Mutter, das Kindermädchen und alle Menschen aus seiner Umgebung ständig spielen, an dem sie zupfen, ziehen und kitzeln. Dieses leichte Prickeln wird begleitet vom wiederholten »schön, schön, schön«, ein Adjektiv, das nur beim männlichen Geschlecht verwendet wird. Die Vagina des Mädchens wird gestreichelt mit dem dazugehörenden weiblichen Adjektiv »lieb, lieb, lieb« (zit. n. Guha, 1976, 37). Nach unserem Verständnis von Normalität würden wir die in Bali praktizierten Verhaltensweisen als abnorm bezeichnen, weil sie für uns sexuellen Missbrauch darstellen und außerdem sehr geschlechtsspezifisch geprägt sind.

- *Abhängigkeit der Norm vom jeweiligen Entwicklungsstand der Kinder*
  Ein fünfjähriger Junge mit Windeln oder ein sechsjähriges Mädchen, das am Daumen lutscht und in der »Babysprache« spricht, entsprechen nicht den Erwartungen und dem jeweiligen Entwicklungsstand.

Definitionsversuche für Verhaltensauffälligkeit und -störung

Verhaltensauffälligkeiten sind erhebliche Abweichungen vom durchschnittlichen, »normalen« Verhalten unter dem Gesichtspunkt eines zu viel oder zu wenig. Wenn z.B. ein Kind geboxt wird, so boxt es in der Regel zurück. Diese Reaktion ist aggressiv, kann aber als normal angesehen werden. Schlägt ein Kind bei der geringfügigsten, auch gut gemeinten Neckerei brutal zu, so hat diese Handlungsweise ein Zuviel an Reaktion und ist deshalb auffällig. Lässt sich ein Kind boxen, ohne sich zu wehren, so liegt diese Verhaltensweise im Bereich des Zuwenig an Reaktion und ist gleichfalls auffällig.

Mit dem Begriff »Verhaltensstörung« soll kein negatives Qualitätsmerkmal fixiert, sondern ein Prozess gekennzeichnet werden. In diesem Sinne ist eine Verhaltensstörung ein Ausdruck heftiger Konflikte des Kindes mit seiner Umwelt. Der Begriff der Verhaltensstörung umfasst neben dem Merkmal des Ungewöhnlichen und außerhalb der Norm befindlichen, vor allem auch die soziale Dysfunktionalität. Hierbei kann es sich um sogenannte dysfunktionale Rollen handeln, die gegen jede konstruktive Beteiligung am Gruppengeschehen gerichtet sind (aggressives Verhalten, sich zurückziehen, Clownerie usw.). Als verhaltensgestört gilt, wer von einer in der jeweiligen Gesellschaft bzw. Kultur allgemein geltenden Verhaltensnorm erheblich, wiederholt und über einen längeren Zeitraum hinweg abweicht. Eine Verhaltensstörung liegt erst dann vor, wenn es sich um ein erhebliches, dauerhaftes und immer wieder auftretendes Missverhältnis zwischen den Normansprüchen der Umwelt und dem individuellen Beitrag, diesen Ansprüchen gerecht zu werden, handelt. Von einer Verhaltensstörung sollte daher erst dann gesprochen werden, wenn sich gewisse Verhaltensweisen innerhalb eines bestimmten Zeitraumes immer wieder aufs Neue zeigen, bis sie zum Verhaltensmuster des Kindes gehören. Ein Fehlverhalten ist fast immer die Folge einer langfristig einwirkenden Störung.

Ursachen

Auffälliges bzw. gestörtes Verhalten hat in der Regel nicht eine Ursache, sondern wird von vielen Bedingungen bestimmt, die untereinander in Beziehung stehen und sich gegenseitig beeinflussen. Ein und dieselbe Ursache kann auf dem Hintergrund einer jeweils unterschiedlichen Lerngeschichte und unterschiedlicher Persönlichkeitsstrukturen sehr verschiedene Wirkungen aufweisen. Immer ist das auffällige Verhalten das Ergebnis der Interaktion von Individuum und Umwelt. Diese Wechselbeziehung kann allerdings je nach erbbiologischen sowie exogenen Bedingungen sehr unterschiedliche Formen annehmen. Verhaltensstörungen können genauso vielfältig sein wie die sie auslösenden Ursachen. Für die Ursachenforschung ist deshalb ein multifaktorieller Ansatz hilfreich, der biologische, psycho-soziale und soziokulturelle Faktoren sowie aktuelle Lebensumstände und Gegebenheiten der jeweiligen Situation beachtet. Dabei können folgende Faktoren eine entscheidende Rolle spielen:

- *Genetische Faktoren*, z.B. eine Gehirnschädigung wie beim Down-Syndrom.
- *Organische Einflüsse*, z.B. körperliche Beschaffenheit (Verwachsungen, Fettleibigkeit, Kleinwuchs).
- *Sozio-kulturelle und sozio-ökonomische Faktoren:*
  Ungünstige Wohnverhältnisse, Schichtarbeit der Eltern, Stress, Arbeitslosigkeit, Einkommen, Wohnbezirk, Bevölkerungsdichte, Städtebau, Überstimulation durch Licht, Lärm, Verkehr, Umweltverschmutzung.
- *Familiensituation und Erziehungsfehlformen*:
  Erziehungsklima, Alter der Eltern, Ernährungspraktikten, Kinderpflege, Reinlichkeitserziehung, Geschwisterzahl, Geschwisterrivalität, Geschwisterkonstellation, Einzelkind, Fehlformen der Erziehung (Erziehungsstil, Überforderung, Ablehnung, Überbehütung, körperliche Züchtigung, Kindesmisshandlung, autoritäre Kontrolle, schrankenloses Gewährenlassen, zu wenig Bestätigung, Inkonsequenz im Verhalten der Eltern).
- *Aktuelle Lebensumstände:*
  Scheidung der Eltern, Verlust eines Elternteils, Tod von Familienangehörigen, Unfall, längerer Krankenhausaufenthalt, Misshandlungen, sexueller Missbrauch, Versagen in der Schule usw.
- *Schule* (gestörte Lehrer-Schüler-Beziehung, Leistungsversagen, soziale Isolation, Stigmatisierung).

Das folgende *Fallbeispiel* soll die möglichen Entstehungsbedingungen der Verhaltensstörungen exemplarisch illustrieren:

> Der 12-jährige Uwe wird wegen Leistungsversagen, Stehlen und Weglaufen in einer Beratungsstelle vorgestellt. Die Mutter berichtet, dass das Verhalten des Jungen seit zwei Jahren immer auffälliger wird; die Schule hat bereits mit der Ausschulung gedroht, weil Uwe andere Mitschüler bestiehlt. Sie selbst kann sich nicht so sehr um den Jungen kümmern. Seit der Trennung von ihrem Mann muss sie ganztags arbeiten. Der Vater

Uwes kommt ab und zu noch nach Hause, ist aber dann oft angetrunken. Es kommt dann zu heftigen Auseinandersetzungen. Das geht nun schon seit zwei Jahren so. Uwe hängt sehr an seinem Vater, sie hat aber jede Beziehung untersagt, weil der Einfluss ihres Mannes auf das Kind schädlich ist. Die Mutter berichtet weiter, dass sie finanziell wesentlich schlechter gestellt ist als in früheren Zeiten. Dies ist auch der Grund, weshalb sie Uwe nun kein Taschengeld mehr geben kann. Er bekommt aber alles, was er braucht.

Erklärungsmodelle

Die Entstehung einer Verhaltensstörung hängt, wie bereits betont wurde, in der Regel mit mehreren Faktoren zusammen; meist ist der Entstehungszusammenhang sehr komplex. Es liegt nahe, solche Verursachungszusammenhänge bei kindlichen und jugendlichen Verhaltensstörungen an den für den kindlichen und jugendlichen Lebenszusammenhang wichtigen Punkten zu suchen, also:

- im Verhalten der Eltern,
- in der Position in der Geschwisterreihe,
- in der Schulsituation,
- in der Ablösung von der Familie in der Pubertät.

Mit der Erweiterung des sozialen Umfeldes wird es aber immer schwieriger, einen einzigen Faktor für das Entstehen einer Verhaltensstörung heranzuziehen. In der Praxis finden sich fast immer Verhaltensstörungen, die multikausal bedingt sind, d.h. die Verknüpfung mehrerer Störvariablen trägt zur Entstehung einer Verhaltensstörung bei.

Zur Erklärung solcher Verhaltensauffälligkeiten und –störungen werden psychologische Erklärungsmodelle herangezogen, wobei sich jede Theorie auf ganz bestimmte Teilaspekte konzentriert. Im wesentlichen beschäftigen sich die folgenden Theorien mit der Ursachenforschung und Erklärung von Verhaltensstörungen:

- *Tiefenpsychologische Erklärungsversuche*
  Die Tiefenpsychologie hebt bei der Verursachung die große Bedeutung der frühen Kindheit sowie die Eltern-Kind-Beziehung hervor. Die frühe kindliche Entwicklung wird als Hauptursache von Verhaltensstörungen betrachtet.
- *Lerntheoretische Sichtweise*
  Nach lerntheoretischer Auffassung ist alles menschliche Verhalten im Laufe des individuellen Lebens gelernt. Auffälliges bzw. gestörtes Verhalten ist demnach das Ergebnis entweder inadäquaten oder fehlenden Lernens. Aus lerntheoretischer Sicht können Verhaltensstörungen wieder verlernt werden, wenn die speziellen Bedingungen des Lernprozesses festgestellt und ausgeschlossen werden.
- *Die individualpsychologische Erklärung*
  Adlers Konzept berücksichtigt in stärkerem Umfang als die Freudsche Lehre soziale Faktoren des Verhaltens. Adler sieht nicht in der Sexualität, sondern im Streben nach Macht und Überwindung von Minderwertigkeitsgefühlen das elementare menschliche Motiv. Das Minderwertigkeitsgefühl äußert sich als unangenehmes Erleben der eigenen Unzulänglichkeit und Unterlegenheit:«Manchen Personen gelingt es jedoch aus Gründen erheblicher Beeinträchtigungen oder ungünstiger Umstände nicht, sich das erforderliche Maß an Anerkennung zu verschaffen. Die subjektiv als minderwertig empfundenen Eigenschaften können in Verbindung mit Erziehungsfehlern zu erheblichen Störungen des Selbstgefühls führen. Die betroffenen Personen versuchen auf Umwegen, durch sogenannten Arrangements,die erwünschte Aufmerksamkeit auf sich zu lenken. Ein typischer Fall ist die vorgetäuschte bzw. eingebildete Krankheit, mit der die Person die erwünschte Zuwendung und Beachtung erreichen will. Leistungsschwache Schüler neigen nicht selten dazu, mit irgendwelchen außerschulischen erfundenen oder übertriebenen Geschichten »anzugeben«, um sich dadurch eine günstigere soziale Position zu verschaffen« (Rosemann, 1975, 36f.).

Zusammenfassung

- Von einer Verhaltensauffälligkeit bzw. -störung sollte erst dann gesprochen werden, wenn sich gewisse Verhaltensweisen innerhalb eines längeren Zeitraumes immer wieder aufs Neue zeigen und dabei stets ein deutliches Missverhältnis zwischen den Normansprüchen der Umwelt und dem realen individuellen Verhalten vorliegt.
- Wenn auffälliges bzw. gestörtes Verhalten vom normalen Verhalten abgegrenzt wird, ist zu beachten, welche Normvorstellungen als Grundlage dienen und dass die Normalität eines Verhaltens zu keiner Zeit eine absolut zu messende Größe ist.
- Die Entstehung einer Verhaltensauffälligkeit bzw. -störung hängt in der Regel mit mehreren Faktoren zusammen. Meist ist der Entstehungszusammenhang sehr komplex, d.h. die Verknüpfung mehrerer Störvariablen (soziokulturelle, familiäre, organische Ursachen) trägt zur Entwicklung einer Auffälligkeit bzw. Störung bei.
- Zur Erklärung werden meist tiefenpsychologische und lernpsychologische Theorien verwendet.

Anregungen

- Welche Verhaltensauffälligkeiten und -störungen »stören« Sie in der Praxis am meisten?
- Woher könnten diese Auffälligkeiten bzw. Störungen kommen?
- Wovon hängt die Toleranz der Gruppe gegenüber auffälligem Verhalten ab?
- Gibt es so etwas wie spezifisch »männliche« bzw. »weibliche« Auffälligkeiten bzw. Störungen?
- Welches der beiden Geschlechter bereitet Ihnen im Kindergarten mehr Erziehungsschwierigkeiten?

2. Spezielle Verhaltensauffälligkeiten und -störungen

2.1 Sprachstörungen

Die Sprache ist das wichtigste Kommunikationsmittel des Menschen, der erst durch die Sprache bzw. durch das Sprechen in der Lage ist, Kontakte zu anderen Menschen zu knüpfen und Beziehungen herzustellen. Die Entwicklung der Sprache bzw. der Grad der Sprachbeherrschung sind für das Auftreten eines Menschen gegenüber seiner Umwelt aussschlaggebend, und zudem ist die Sprache von Anregungen und Vorbildern der Umgebung abhängig.Obwohl es beim Erlernen der Sprache typische Entwicklungsschritte gibt, lernt jedes Kind auf seine eigene Art und in seinem eigenen Tempo. Im Rahmen dieses Lernprozesses können Schwierigkeiten bei der Entwicklung und Ausbildung der Sprache auftreten. Unter Sprachstörung versteht man das partielle oder das ganze Unvermögen eines Menschen, die Umgangssprache nach Inhalt und Regeln angemessen zu gebrauchen. Störungen der Sprache haben bei Kindern nach Einschätzung von Kinderärzten, Logopäden und Sonderschulen in den letzen Jahren alarmierend zugenommen. Jedes 4. Kind im Vorschulalter ist derzeit betroffen wie Untersuchungen der Mainzer Universitätsklinik für Kommunikationsstörungen und der Logopäden-Lehranstalt Mainz im Jahre 1995 ergeben haben. Von den betroffenen Kindern sind 25 Prozent hochgradig gestört, 25 mittelgradig und 50 Prozent weisen leichtere Störungen auf. Studien in Mainzer Kindergärten haben bestätigt, dass im Durchschnitt rund 25 Prozent der dreieinhalb- bis vierjährigen Kinder nicht richtig sprechen lernen, d.h. sie sprechen undeutlich, vertauschen Laute oder verfügen über einen dürftigen Wortschatz und eine unentwickelte Grammatik. Nach einer neuen Studie müssten rund 30 Prozent aller Mannheimer ABC-Schützen des Jahrgangs 2002/2003 eigentlich Sprachförderung erhalten. Dabei handelt es sich nicht nur um ein Problem bei ausländischen Kindern, sondern auch deutsche Kinder sprechen oft nur ein holpriges Deutsch. Von den getesteten Kindern hatten 91 – das waren mehr als vier Prozent – Sprachentwicklungsstörungen, die behandlungsbedürftig sind. Etwa 14 Prozent der ABC-Schützen sprachen nicht genug deutsch, um dem Schulunterricht folgen zu können.

Wie es in einer Kindergartengruppe mit 28 Kindern bezüglich Sprachauffälligkeiten aussieht, verdeutlicht die folgende Übersicht:

- Florian, 4,9 Jahre alt
  Multiples Stammeln
  Folgende Laute sind betroffen: g/k wird durch d/t ersetzt, sch wird durch s ersetzt (z.B. Swein statt Schwein), r wird nicht gebildet oder mit einem h ersetzt (z.B. Holler statt Roller). Außerdem spricht er leicht dysgrammatisch.
- Thomas, 5,8 Jahre alt
  Partielle Dyslalie (Sch wird durch s ersetzt.)
- Zekiye, 6,5 Jahre alt
  Einfacher Dysgrammtismus (verwechselt Artikel, Fehler bei der Satzstellung, Bildung von Präpositionen und Konjugationen)

Symptome und Formen

Man kann sechs verschiedene Arten von Sprachstörungen unterscheiden. Die folgende Einteilung orientiert sich dabei an den Symptomen:

Verzögerte Sprachentwicklung

Wenn es bei einem Kind im Zeitraum von 18 Monaten bis zum vierten Lebensjahr zu größeren Abweichungen von der Norm (vgl. Entwicklung der Sprache) kommt, spricht man von einer verzögerten Sprachentwicklung. Bei einer Sprachverzögerung entfaltet sich die Sprache später und langsamer als gewöhnlich. Im allgemeinen sprechen wir von einer verzögerten Sprachentwicklung, wenn sich die

Sprechfunktion bis zum 3. Lebensjahr nicht normal entwickelt hat, d.h. z.B. dass das Kind erst nach Vollendung des zweiten oder Anfang des dritten Lebensjahres mit den ersten Wörtern zu sprechen beginnt. Außerdem kann sich eine Sprachverzögerung auch wie folgt bemerkbar machen:

- *Eingeschränktes Wortverständnis*
  Ein Kind kann die gesprochene Sprache gar nicht oder nicht so gut wie Gleichaltrige verstehen, obwohl sein Gehör in Ordnung ist.
- *Eingeschränkter Wortschatz*
  Der Wortschatz eines Kindes entspricht nicht der altersgemäßen Entwicklung. Dabei kann es sein, dass ein Kind im Vergleich zu Gleichaltrigen sehr viel weniger Wörter spricht oder ein Wort stereotyp für viele Wörter benutzt (z.B. »Auto« für alles, was fährt oder es gebraucht für »Keks«, »Brot« und »Löffel« stets den gleichen Begriff »Happa«).
- *Babysprache*
  Kinder sprechen zu lange kleinkindhaft, wobei Geräuschimitationen Wörter ersetzen, wie z.B. »wau-wau« statt »Hund«, »miaumiau« statt »Katze« oder »heia machen« statt »schlafen«.

Als Ursache einer Sprachverzögerung kommen einmal organische Störungen (Hirnschädigungen oder Krankheiten) in Betracht, andererseits sind aber auch soziale Faktoren wie mangelnde Anregungen und Zuwendung, Vernachlässigung, autoritärer Erziehungsstil und Überforderung von Bedeutung. Peter (3,8 Jahre) hat stark vergrößerte Polypen und dadurch ständige Entzündungen im Nasen-Rachen-Raum. Auch die Ohren sind in Mitleidenschaft gezogen, denn es kommt zu einer Schallleitungsschwerhörigkeit. Aufgrund der aufgezeigten körperlichen Probleme hat sich bei ihm die sprachliche Entwicklung verzögert.

Störungen der Artikulation

Dyslalie oder Stammeln zählt zu den am weitesten verbreiteten Sprachstörungen unter Kindern. Das Stammeln äußert sich in einer fehlerhaften Aussprache und Bildung von Lauten oder Lautverbindungen der Muttersprache. Ein einzelner Laut oder mehrere Laute werden einfach weggelassen oder durch einen anderen Laut ersetzt, wie z.B. Tatao statt Kakao, Lume statt Blume, Tuh statt Ku, Affee oder Daffee statt Kaffee, Kirne oder Irne statt Birne, Ollsuhe statt Rollschuhe, Deirad statt Dreirad, Seibe statt Scheibe, Lutas statt Lukas.

Die häufigsten Stammelfehler erstrecken sich auf die Laute k, g, d, t, r, s, sch, st, tr, kr, dr, wr, kn, qu, chl, fl und bl. Sie können diese Artikulationsfehler schnell erkennen, wenn Sie zu den den betreffenden Lauten folgende Sätze abhören:

- k, g, t, d: Guten Tag!
- tr: Die Katze tritt die Treppe krumm.
- dr: Drei Drachen
- kn: Der Hund knabbert am Knochen.
- r: Roland ruft Rainer.
- chl: Ich möchte nichts.
- fl: Die Fledermaus fliegt.
- bl: Blaue Blumen blühen.
- s: Susi hol man saure Sahne.
- sch: Schenk mir Schokolade.

Da jedes Kind in seiner Sprachentwicklung Probleme mit der Lautbildung und Aussprache hat, wird diese Phase auch das physiologische Stammeln genannt. Das Entwicklungsstammeln entsteht dadurch, dass einmal die Sprechwerkzeuge des Kindes noch zu ungeschickt sind, zum anderen das Kind die eigene Sprechweise von der seiner Umgebung nicht genau unterscheiden kann. Sobald die fehlerhafte Aussprache über das 4. Lebensjahr hinaus anhält, handelt es sich hierbei nicht mehr um ein physiologisches Stammeln, sondern um eine Sprachstörung. Spezifische Formen des Stammelns sind Kappazismus (k), Lamdazismus (l), Rhotazismus (r) und Sigmatismus (s). Als Sigmatismus (Lispeln) bezeichnet man die fehlerhafte Aussprache der S-Laute (s, sch, st, x, z). Dabei schiebt sich die Zunge zwischen, anstatt hinter die Zähne.

Zu den Ursachen des Stammelns zählen schlechte Sprachvorbilder und organische Schäden (Schwerhörigkeit, Gaumenspalte).

Ebenso kann eine zu große Zunge zu Störungen der Lautbildung, insbesondere der Laute s, ks (x) und ts (z) führen. Dass auch familiäre Veränderungen Stammeln verursachen können, zeigt das folgende Beispiel: Martin war drei Jahre alt, als seine kleine Schwester geboren wurde. Zu diesem Zeitpunkt bestand bei ihm noch ein altersbedingtes physiologisches Stammeln. Dieses Stammeln blieb jedoch bestehen und Martin sprach mit fünf Jahren noch genauso auffällig wie mit drei Jahren. Martin fühlte sich seiner kleinen Schwester gegenüber benachteiligt und von seinem Platz verdrängt.

Störungen des Sprachaufbaus

Der Bereich kindlicher Sprachstörungen, der die Grammatik betrifft, wird allgemein als Dysgrammatismus bezeichnet. Hierbei sind der Erwerb und der Gebrauch der Grammatik gestört, d.h. einem richtig dargestellten Sachverhalt kann ein Kind nicht die gebräuchliche grammatische Form geben. Artikel, Satzstellung, Deklination, Konjugation und Präpositionen werden falsch gebildet. Verben werden oft gar nicht oder falsch gebeugt, dem Substantiv werden falsche Artikel zugeordnet, die verschiedenen Fälle können oft nicht richtig gebildet werden, wie z.B. »Gib mir der Teller!«, »Ich nicht will.«, »Ich gehen zu Hause.«, »Darf ich Puppeneck?«, »Ich gestern fahren nach Hause.« »Ich bin gegangt.« »Ich machen.« Oft wenden die betroffenen Kinder eine Art »Telegrammstil« an, wie z.B. »Klaus Durst« oder »Papa schlafen« »Timo Hause« oder »Du kommen?« statt »Kommst du?«

Die Satzstellung in einer grammatikalisch korrekten Form beginnt im dritten Lebensjahr. Behandlungsbedürftig erscheint Dysgrammatismus, wenn er nach dem 4. Lebensjahr noch weiter besteht. Kinder mit dysgrammatischen Schwierigkeiten machen in einem Alter, in dem dies normalerweise nicht mehr vorkommt, syntaktische und grammatikalische Fehler. Benutzung von Einwortsätzen, Gebrauch der Infinitivsprache, Beugungs- und Steigerungsfehler, Wortvertauschungen im Satz und insgesamt verminderte Ausdrucksfähigkeit bei einem begrenzten Wortschatz sind die hauptsächlichen Symptome dieser Sprachstörung. Als Begleitsymptomatik zeigen sich häufig Gehemmtheit, Sprachscheu, Schüchternheit, Unaufmerksamkeit, leichte Ablenkbarkeit und motorische Ungeschicklichkeit.

Folgende Ursachen können für diese Störung verantwortlich sein: Schwerhörigkeit, frühkindliche Hirnschädigung, Vernachlässigung des Kindes, erbliche Sprachschwäche, geistiger Entwicklungsrückstand und Mehrsprachigkeit der Umgebung.

Dass Dysgrammatismus und Dyslalie auch zusammen auftreten können, zeigt das Beispiel des viereinhalbjährigen Markus. Ein Kind fragt ihn: »Was hast du denn im Gesicht? Bist du hingefallen?« Markus antwortet darauf: »Im Hof.« Die weiteren Sätze bildete Markus zu einzelnen Tierarten: »Der Igel fist ein Apfel.«, »Storch fist ein Fos.«, »Die Reh fis Gas.«, Da hennt ein Has.« Seine Stammelprobleme dokumentieren die folgenden Beispiele:

Wildsein (Wildschwein), Futz (Fuchs), Herse (Hirsche), Einhörnchen (Eichhörnchen), Fos (Frosch), Elefond (Elefant), Kängeuh (Känguruh), Gigaffe (Giraffe), Kokodil (Krokodil), Fis (Fisch), Glaf (Glas), Swan (Schwan), Sneck (Schnecke) und Gigarre (Gitarre).

Störungen des Stimmklanges

Als Rinophonie (Näseln) bezeichnet man die Veränderung des Sprach- bzw. Stimmklanges. Es wird zwischen dem offenen Näseln und dem geschlossenen Näseln unterschieden. Beim offenen Näseln entweicht der Nase zuviel Luft (z.B. bei einer Kiefer- oder Gaumenspalte), so dass alle Vokale einen starken nasalen Stimmklang aufweisen. Beim geschlossenen Näseln dringt zu wenig Luft durch die Nase, weshalb sich die Sprache so anhört, als hätte das Kind einen starken Schnupfen (»Stockschnupfensprache«). Die Ursachen für diese Störung liegen meistens in der Erkrankung des Nasenraums, z.B. Polypen.

Störungen des Redeflusses

Beim Poltern (Tumultus Sermonis) kommt es zu einer Überstürzung der Rede. Ein Kind spricht zu schnell bzw. überhastet und verschluckt, verstellt bzw. verstümmelt Laute, Silben, Endungen und Wörter oder lässt ganze Satzteile aus, wie z.B.

»Wi si no im eikaen.« (»Wir sind noch im einkaufen.«)

»Mor mach wi ein Aus zu alt Müh.« (»Morgen machen wir einen Ausflug zur alten Mühle.«)

»Ers fah mi mei zu, da lau wi.« (»Erst fahren wir mit dem Zug, dann laufen wir.«)

Infolge des stürmischen und übereilten Sprechtempos können die Sprechwerkzeuge nicht mehr in der richtigen Koordinierung erfolgen. Erbliche Ursachen, mangelnde Sprechvorbilder, Defizite in motorischer Aufmerksamkeit und unzureichend vorgenommene Sprecherziehung können Poltern begünstigen.

Beim Stottern ist der Redefluss gestört. Dies zeigt sich als eine krampfartige Unterbrechung des Redeflusses mit gestörter Koordination des Funktionsablaufes der Atmungs-, Stimm- und Sprechmuskulatur. Nahezu eine Million Kinder und Erwachsene leiden unter dieser Sprachstörung in Deutschland und sind deshalb oft Zielscheibe von unbarmherzigem Spott. Obwohl sie sich bemühen, flüssig zu sprechen, gelingt dies nicht. Die genauen Ursachen des Stotterns sind noch unbekannt. Sie liegen, wie man heute zu wissen glaubt, nicht immer nur im seelischen Bereich (Schockereignisse, strenger Erziehungsstil, häufiges Kritisieren und Wiederholenlassen). Vermutlich greifen Sprachantrieb, Begriffs- und Erinnerungsvermögen sowie Nerven- und Muskelfunktionen nicht harmonisch ineinander. Deshalb kommt es, dass vor allem Kinder an Silben oder Wörtern hängenbleiben und sich die Sprechorgane Zunge, Lippen, Wangen, Hals- und Kehlkopfmuskulatur verkrampfen.

Im Alter zwischen zweieinhalb und vier Jahren kann das Stottern noch entwicklungsbedingt sein. 80 Prozent aller Kinder durchlaufen diese Phase der Sprechunflüssigkeit. Die Kinder wollen mehr und schneller sprechen, als sie können. Der Mitteilungsdrang des Kindes im Alter von drei bis fünf Jahren ist oft so groß, dass sowohl die Sprechfertigkeit als auch die Denkgeschwindigkeit nicht immer Schritt halten können. Oft sind es die sensiblen oder leicht erregbaren Kinder, die zum hastigen Sprechen neigen. Aber gerade hier werden von Eltern und ErzieherInnen Fehler begangen, weil sie anfangen, das Kind auf seine fehlerhafte Sprechweise aufmerksam zu machen, indem sie es anhalten, langsamer zu sprechen und zu wiederholen. So wird das Kind unsicher und gehemmt und kann sich schließlich zum echten Stotterer entwickeln. Wenn die Eltern Geduld zeigen, finden die Kinder in den allermeisten Fällen wieder zurück zum normalen Redefluss. Normalerweise ist diese Phase nach Vollendung des vierten Lebensjahres vorbei. Geht das Stottern jedoch über das vierte Lebensjahr hinaus, so spricht man von einer Störung. Etwa ein Prozent aller Kinder fängt bis zur Pubertät an, »echt« zu stottern. Jungen sind davon viermal häufiger betroffen als Mädchen. Das wichtigste Merkmal des echten Stotterns ist eine Verzögerung beim Einsatz der Stimme. Beim sogenannten tonischen Stottern gibt es zunächst ein stummes Pressen, das meist von Mitbewegungen begleitet ist. Das Kind bekommt kaum ein Wort heraus, es entstehen lange Pausen, der Mund steht offen, bevor es das beabsichtigte Wort heraus bringt (»..........Polizei«). Als klonisch bezeichnet man die krampfhafte Wiederholung von einzelnen Lauten und Silben (»Po-po-po-polizei«, »Blei-blei-bleib doch da!«, »Ich ka-ka-kann das auch.«, »Gu-gu-ten T-t-tag!«, »Ich ha-ha-habe das nicht.«, »We-wenn mir morgens der Kaffeege-geruch in die Na-nase steigt, l-l-läuft mir das W-wasser im Mund zusammen und ich sp-springe aus dem Bett.«, »Mmmmanchmal würde ich am llliebsten die Kofffer packen und auf eine einsame Insel gehen.«). Nach Überwindung des Krampfes läuft der nachfolgende Satz eine Weile ungestört weiter.

Situationsabhängiges Stottern

Das Auftreten des Stotterns ist teilweise auch situationsabhängig. Das stotternde Kind hat besonders dann Schwierigkeiten, wenn es in einer bestimmten Situation anderen Menschen etwas mitteilen soll, vor allem, wenn es sich dabei um Autoritätspersonen handelt.Es gibt Kinder die durchgehend stottern und es gibt welche, die in einem bestimmten Personenkreis (z.B. Familie) nicht stottern. Im Selbstgespräch oder beim Singen stottert das Kind kaum. Das Problem beim Stottern liegt nicht an der mangelnden Artikulation, sondern an Fehlspannungen in der Sprechmuskulatur, die das beabsichtigte Sprechen gewissermaßen abblocken, und an unregelmäßiger und falscher

Atmung, die ihrerseits wieder einen harmonischen und ausgeglichenen Redefluss verhindert. Solche Fehlspannungen treten verstärkt bei Aufregungen oder anderen Belastungen (z.B. Prüfungssituation, Sprechen vor größerem Publikum) auf. Sprechangst ist ebenso kennzeichnend für das Stottern wie erkennbare Anzeichen von Atemnot, deutlich hörbares Ein- und Ausatmen und Einziehen des Zwerchfells. Stotternde Kinder fürchten sich vor Situationen, in denen es auf Sprechen ankommt und versuchen deshalb, solche Situationen zu vermeiden.

Kommunikationsstörung

Der Mutismus stellt eine Störung der Kommunikation dar, bei dem ein Kind, obwohl es sprechen kann und trotz voller Funktionsfähigkeit der Sprechorgane, das Sprechen mit einem bestimmten oder allen Gesprächspartnern verweigert und sich sprachlich nicht mehr mitteilt. Das Kind kann sprechen, will es aber nicht. Je nach Ausprägungsgrad unterscheidet man den totalen Mutismus (dauernde Stummheit) und den elektiven Mutismus. Unter dem totalen Mutismus versteht man, dass das Kind mit keiner Person sprachlichen Kontakt aufnimmt. Diese Art von Mutismus kommt relativ selten vor und wenn, dann ist er meistens in eine andere Störung, den sogenannten Autismus, eingebettet. Der elektive Mutismus zeigt sich in den meisten Fällen als eine hochgradige Sprechscheu. Das Kind spricht nur das Allernotwendigste. Hier spricht das Kind nur mit einem bestimmten Personenkreis und schweigt sonst, z.B. das Kind spricht nur mit den Angehörigen seiner Familie, schweigt aber im Kindergarten. Ursachen für diese Form der Kontaktstörung können frühkindliche Hirnschädigungen, belastende Familienverhältnisse und übersteigerte Anforderungen an das sprachliche Leistungsvermögen sein. Der 6-jährige Christian wurde von seiner Mutter in einer Erziehungsberatungsstelle vorgestellt, da er bis zu diesem Zeitpunkt fast nicht sprach, keinen Kontakt zu anderen Kindern besaß und im Kindergarten einsam in der Ecke stand, ohne sich an den Spielen der anderen zu beteiligen. Wenn er angesprochen wurde, konnte er nicht antworten. Die intellektuelle Entwicklung war bis dahin etwa normal verlaufen, aber seine soziale Reife war wegen der Hemmung weit hinter derjenigen seiner Altersgenossen zurückgeblieben.

Die Ursachen für diese Fehlentwicklung sind in der frühen Kindheit Christians zu suchen. Äußerst sensibel veranlagt, war es ihm nicht möglich, ein »Urvertrauen« zu seinen ersten Bezugspersonen, insbesondere der Mutter, aufzubauen. Die psychische Struktur der Eltern wirkte bedingend und verstärkend auf diese Störung, da beide selbst Schwierigkeiten hatten, sich angstfrei einer emotionalen Beziehung hinzugeben. Der Wunsch des Säuglings nach Nähe und Wärme konnte nicht adäquat beantwortet werden. Das Kind begann deshalb, sich auf sich selbst zurückzuziehen, sobald Wünsche an die Umwelt in ihm wach wurden oder Anforderungen von außen ihm Reaktionen abverlangten. Trotz des intensivsten Bedürfnisses zu sprechen, blieb Christian stumm – und zwar verkrampfte sich diese Stummheit um so mehr, je stärker sein Wunsch zu sprechen war und je intensiver die Bezugspersonen auf einer Antwort bestanden.

Möglichkeiten der Förderung und Hilfe

Eltern, ErzieherInnen und LehrerInnen sollten frühzeitig auf Sprachstörungen bei Kindern achten. Ausdrucks- und Verständnisschwächen zeichnen sich meist schon im zweiten und dritten Lebensjahr ab und sollten nicht auf die leichte Schulter genommen werden. Eltern sollten sofort Verdacht schöpfen, wenn ein Säugling sich im ersten Lebenshalbjahr einer Geräuschquelle nicht zuwendet, wenn er im zweiten Lebenshalbjahr nicht spielerisch mehrere Silben lallt oder wenn ein Kleinkind mit eineinhalb Jahren noch keine sinnbezogenen Wörter formuliert. Bei jedem Verdacht auf eine Sprachstörung sollte das Kind zur Prüfung des Gehörs, der Sprachentwicklung und der Sprechleistung zunächst einem Kinderarzt oder einem Hals-, Nasen-, Ohrenarzt vorgestellt werden. Bei begründetem Verdacht wird der Arzt eine gezielte sprachtherapeutische Behandlung veranlassen. Mit einer speziellen Therapie durch erfahrene LogopädInnen und SprachtherapeutInnen kann den betroffenen Kindern geholfen werden.

Die Aufgabe der LogopädInnen bzw. SprachtherapeutInnen umfasst die Diagnose und die Therapie bei Störungen der Sprachentwicklung und bei Stimm- und Sprachstörungen. Eine Sprachtherapie ist oft nur sinnvoll, wenn Eltern, ErzieherInnen bzw. LehrerInnen und Sprachtherapeut eng zusammenarbeiten. Eltern dürfen ohne Anleitung durch einen Sprachtherapeuten keine Selbstbehandlungsversuche machen und ihr Kind dabei schulmeistern (»Reiß dich zusammen!« oder »Hol tief Luft!«) oder gar ausschimpfen. Sie verursachen damit nur Minderwertigkeitskomplexe, die einem unbefangenen, spielerischen Umgang mit Sprachtechnik und flüssiger Sprache im Weg stehen. Es gibt heute eine große Anzahl verschiedener Behandlungsformen bei Sprachstörungen, von sprachheilpädagogischen über ergotherapeutische bis zu psychotherapeutischen (z.B. Spieltherapie bei Mutismus). Zur Behandlung des Stotterns gehören Gruppen- und Rollenspiele, bei älteren Schulkindern auch autogenes Training. Psychologisch-logopädische Programme und musikalisch-rhythmische Trainingsmethoden können auch helfen. Trotz Anwendung moderner Therapieformen gilt bei chronischem Stottern von Kindern, Jugendlichen und Erwachsenen nach wie vor die Regel: Ein Drittel verliert die Symptome fast völlig, ein Drittel wird gebessert, beim letzten Drittel besteht die Störung unverändert weiter. Auch staatliche Sprachheilschulen führen in mehreren Bundesländern Beratung und ambulante Behandlung bei Sprachstörungen durch. Beratungsstellen für sprachbehinderte Kinder bieten sich ebenfalls als Anlaufstelle an. Hier wird eine Diagnose erstellt und notwendige Behandlungsschritte aufgezeigt. Dazu kann die Überprüfung des Gehörs oder der Zahnstellung bei den entsprechenden Fachärzten gehören oder die Überweisung an eine Sprachheilschule in schwerwiegenden Fällen.

Das Verhalten der Eltern, ErzieherInnen und LehrerInnen gegenüber sprachauffälligen Kindern

Wie soll man mit einem sprachauffälligen Kind umgehen? Soll man das sprachliche Problem ignorieren oder thematisieren? Solche Fragen stellen sich viele Eltern, ErzieherInnen und LehrerInnen und sind sich unsicher. Ein Kind sollte wegen seiner Sprachschwierigkeiten nicht »besonders« (weder nachsichtiger noch strenger) behandelt werden, d.h. es soll deshalb weder bevorzugt noch vernachlässigt werden, es soll weder überfordert (z.B. durch intensives Üben) noch unterfordert werden (z.B. Schonung durch Anfassen mit Samthandschuhen). Das Kind soll sich wegen seiner Sprachstörung nicht benachteiligt fühlen oder eine negativ anhaftende Rolle erhalten, weil dadurch die Sprechfreude und das Selbstvertrauen des Kindes geschädigt werden kann und es sich eventuell gar nicht mehr traut sich ungehemmt zu äußern. Weist ein Kind Sprachstörungen auf, sollten die erziehenden Personen einige Verhaltensregeln berücksichtigen.

- Hören Sie dem Kind geduldig und aufmerksam zu!
  Wirkliches Zuhören bewirkt, dass das Kind in Ruhe wahrgenommen wird und man sich auf seine Äußerungen auch einlassen kann.
- Schauen Sie das Kind an, wenn Sie mit ihm sprechen oder wenn es Ihnen etwas sagen möchte!
  Wenn Sie das Kind anschauen, signalisieren Sie ihm, dass Sie ein Interesse haben, mit ihm zu reden bzw. zu verstehen, was es Ihnen sagen möchte. Der Blickkontakt ist die deutlichste Form, Gesprächsbereitschaft zu zeigen. Außerdem braucht das Kind den Blickkontakt, wenn es noch sehr klein ist, um Ihre Äußerungen anhand der begleitenden Mimik und Gestik leichter verstehen zu können und um sich Lippen- und Mundpositionen für eine richtige Aussprache abzuschauen und nachzuahmen.
- Begreifen Sie sich als Sprachvorbild.
  Die Erziehenden sollten sich stets dieser Funktion bewusst sein und sein eigenes Sprachverhalten reflektieren. Das Kind lernt sprechen, indem es Lautäußerungen seiner Umwelt nachahmt. Es ist deshalb als Vorbild wichtig, in Gegenwart des Kindes Ereignisse und Situationen zu kommentieren und zu beschreiben (»Hier ist dein Glas mit Wasser.« »Auf dem Berg steht eine Kirche.« usw.). Empfehlenswert ist auch das Beschreiben von Handlungen, Plänen, Gedanken und Gefühlen, damit das Kind lernt sein Verhalten und seine Gefühle in Worten auszudrücken. Dadurch, dass Handlungsabläufe sprachlich begleitet werden, bemerkt und erfasst das Kind die unterschiedlichen Bedeutungen der Wörter. Dabei muss jedoch darauf geachtet werden, dass die Wörter und

Handlungen parallel und gleichzeitig gesagt und getan werden. Beim Sprechen sollten die Erziehenden ein ruhiges Vorbild sein, d.h. selbst in gemäßigtem Tempo und deutlich sprechen. Die Auswahl und die Anwendung der Wörter, des Satzbaues und der Satzlänge sollten das Kind weder über- noch unterfordern. Man kann zwar neue Wörter oder Ausdrücke verwenden, aber diese sollten sich in Grenzen halten und nicht zu kompliziert sein. Hierbei sollte nicht vergessen werden, dass auch Erwachsene ein Wort erst ca. 50 mal hören müssen, bevor es ein fester Bestandteil ihres Wortschatzes wird und sie dieses Wort auch im richtigen Zusammenhang verwenden.

- Sorgen Sie für eine entspannte Umgebung!
- Das Selbstvertrauen des Kindes stärken!
  Die Zuwendung der Erziehenden ist von wesentlicher Bedeutung, jedoch ist es auch wichtig, den Umgang mit anderen Kindern zu fördern.
- Bieten Sie sprachliche Anregungen und fördern Sie den Entdeckungsdrang des Kindes!
  Der Erfahrungshorizont des Kindes sollte wachsen. Das Aufsuchen neuer Orte und Personen sowie gemeinsame Gespräche über verschiedene Themen und Erlebnisse (z.B. mit Großeltern) bieten sich hier an.
- Wiederholen Sie selbst korrekt, was das Kind, z.B. grammatikalisch fehlerhaft gesprochen hat.
  Es geht hier darum, unvollkommene bzw. fehlerhafte Äußerungen des Kindes sofort richtig zu wiederholen, ehe die Unterhaltung fortgeführt wird. Dies soll quasi beiläufig geschehen, wobei das Kind die richtige Formulierung nicht selbst wiederholen muss: »Die verbesserte Wiederholung« wird in der Fachsprache auch als »corrective feedback« oder als »korrigierte Rückmeldung« bezeichnet. Hier findet aber keine Korrektur im üblichen Sinne statt: Das Kind wird nicht direkt korrigiert, sondern erhält eine inhaltlich bestätigende Rückmeldung und zwar in sprachlich korrigierter Form. Folglich fühlt sich das Kind auch nicht ermahnt oder bestraft, sondern es erhält einen sehr wirkungsvollen Sprechimpuls, der sich hilfreich auf seine Kommunikationsfähigkeit auswirkt« (Wendlandt, 2000, 70). Die Anwendung der korri-

gierten Rückmeldung kann z.B. so erfolgen: Das Kind sagt: »Oh, der Holler (Roller) ist paputt.« Darauf antwortet die ErzieherIn: »Ja, schade. Dann müssen wir den kaputten Roller reparieren lassen. Schau mal, hier ist noch ein Roller, der nicht kaputt ist. Mit ihm kannst du noch fahren.«

- Sprache kann sich nur dann positiv entwickeln, wenn ein Kind unbefangen spricht. Wenn ein Kind ständig verbessert wird, wenn es gesprochen hat, wird ihm das Gefühl ständigen Versagens, des Nicht-Könnens vermittelt und es gerät unter Druck, weil es den sprachlichen Anforderungen nicht gerecht werden kann. Möglicherweise bekommt es Angst vor jeder verbalen Mitteilung und traut sich schließlich kaum mehr zur Kommunikation mit den Erziehenden. Deshalb ist es wichtig, dass von den Erziehenden die sprachlichen Schwierigkeiten erkannt und daran »gearbeitet« wird (je nach Ausmaß des Problems). Dabei sollten jedoch nicht die Gesamtpersönlichkeit des Kindes aus dem Blickfeld verloren gehen und die positiven Charakterstärken, Talente und Fähigkeiten ignoriert werden. Wenn ein Kind ein Vertrauen zu sich selbst hat, seine Stärken und auch seine Schwächen (Sprachstörung) kennt, ist es in der Lage besser mit Problemen umzugehen, denn es weiß, obwohl ich nicht richtig sprechen kann, werde ich angenommen wie ich bin und akzeptiert – ich kann aber auch viele Sachen gut, die andere Kinder weniger gut können. Kritik der Erziehenden am Sprachverhalten des Kindes (z.B. »Sprich richtig!«, »Reiß dich doch zusammen!«, »Nimm dir ein Beispiel an deiner Schwester!«) hat meist negative Auswirkungen und kann die Sprechfreudigkeit und Nachahmungsbereitschaft einschränken. Kritik aber auch Herumkorrigieren am Sprechen vermitteln dem Kind immer wieder das Gefühl, dass es etwas Wichtiges nicht kann. Das Kind kann sich deshalb abgelehnt fühlen und erfahren, dass es den Ansprüchen nicht genügt.
- Lassen Sie das Kind in Ruhe seine Äußerungen zu Ende bringen und unterbrechen Sie es nicht.

Spezielle Hinweise für Eltern und ErzieherInnen

Verzögerte Sprachentwicklung

Wenn das Kind älter als drei Jahre ist und für jeden wahrnehmbar im Vergleich zu anderen gleichaltrigen Kindern schlechter spricht, finden Sie zuerst heraus, worin dieses auffällige Sprechen besteht.

- Hat Ihr Kind spät zu sprechen begonnen?
- Bildet es Laute falsch? (Und wenn ja, welche Laute werden falsch gebildet, durch andere ersetzt oder weggelassen?)
- Macht es Satzbaufehler? (Die Wörter stehen nicht am richtigen Platz im Satz: »Ich haben will mehr Daft jetzt.«)
- Erfasst Ihr ansonsten aufgewecktes Kind den Sinn zahlreicher Wörter und den Inhalt mancher Sätze nicht?
- Hat es Schwierigkeiten bei Haupt-, Zeit- und Eigenschaftswörtern und Mehrzahlbildung?

Sollten Sie etwas davon bei Ihrem Kind bemerken, wenden Sie sich an eine SprachtherapeutIn, da so etwas in der Regel nicht von selbst auswächst. Möglicherweise reichen ein bis zwei Beratungsgespräche bei einer SprachtherapeutIn aus, um Ihnen wichtige Anregungen zu geben, wie Sie Ihr Kind zu Hause fördern können. Ist die Störung gravierend, reicht Beratung nicht aus, denn dann ist eine intensive Sprachtherapie unerlässlich.

Wenn Sie ihr Kind in seiner Sprachentwicklung unterstützen wollen, versuchen Sie als erstes die Ursachen abzuklären. Ziehen Sie gegebenenfalls Fachleute zu Rate, um folgende Fragen beantworten zu können:

- Waren Schwangerschaft/Geburt von negativen Umständen begleitet?
- Hört mein Kind richtig?
- Sieht mein Kind richtig?
- Wie war die Sprachentwicklung von nahen Blutsverwandten?
- Wie bewegt sich mein Kind?
- Gibt es Auffälligkeiten bei Mund, Gaumen, Zunge, Rachen, Nase, Kiefer und Zähnen?

- Rede ich oft und gerne mit meinem Kind oder bin ich eher mundfaul?

Stammeln und Dysgrammatismus

Kritisieren Sie Ihr Kind in seiner Artikulation und Wortwahl nicht. Das ist die wichtigste Haltung, die Sie Ihrem stammelnden Kind gegenüber einnehmen sollten. Ermuntern Sie das Kind zum Sprechen, und loben Sie ab und zu die guten Sprechleistungen. Verbessern Sie Ihr Kind, indem Sie das falsch gesprochene Wort beiläufig wiederholen, z.B. »Ich habe doßen Turm gebaut.« (»Du hast einen schönen großen Turm gebaut.«). Bereichern Sie den kindlichen Wortschatz (Spiele mit Bild- und Wortkarten, Erweiterung und sprachliche Konkretisierung der kindlichen Erfahrungs- und Erlebniswelt).

Näseln

Üben Sie mit dem Kind die Bewegung für Lippen, Zunge, Kiefer und Gaumensegel. Gähnübungen sind bei offenem Näseln besonders wirkungsvoll. Aktivieren Sie das Gaumensegel durch das Üben der Verschlußlaute p, t, k.

Poltern

Auch wenn es sinnvoll erscheint, das polternde Kind auf die Störung aufmerksam zu machen und an langsames Sprechen zu erinnern, sollten Sie auf keinen Fall zu dieser direkten Maßnahme greifen. Unter Umständen wird die Auffälligkeit dadurch verstärkt. Versuchen Sie immer das Poltern positiv zu beeinflussen, indem Sie das Kind indirekt fördern. Schaffen Sie immer wieder Situationen, in denen es Ihnen möglich ist, ihm geduldig zuzuhören und versuchen Sie Ihr Kind so anzunehmen wie es ist. Überprüfen Sie Ihr eigenes Sprechtempo! Die Störung aufzuheben und systematisch Sprachabläufe und Aussprache einzuüben, bleiben der Therapie vorbehalten.

Stottern

Überlegen Sie, wie Sie sich alltäglich einem stotternden Kind gegenüber verhalten. Lassen Sie gestotterte Sätze nicht wiederholen. Warten Sie immer so lange, bis das stotternde Kind seine Mitteilung ganz beendet hat, denn gerade die jüngeren Kinder haben oft ein großes Mitteilungsbedürfnis. Veranstalten Sie in spielerischer Form viele sprechrhythmische Betätigungsformen (Verse, Lieder, Sprech- und Singspiele, Fingerspiele). Besonders vorteilhaft wirkt sich auch das Umgehen mit dem Orff-Instrumentarium und dem Puppenspiel (Handpuppen, Kasperle-Theater) aus. Unterstützen Sie auch das kindliche Rollenspiel (Raum und Requisiten).

Weitere Unterstützung bieten die Selbsthilfegruppen. Es gibt inzwischen über 80 in ganz Deutschland. Dachverband ist die Bundesvereinigung der Stotterer Selbsthilfe e.V. (Gereonswall 112, 50670 Köln, Tel.: 0221/1391106).

Mutismus

Es gibt zahlreiche Gründe für das psychisch bedingte Schweigen eines Kindes. Ihm muss kein einmaliges, traumatisches Erlebnis zugrunde liegen. Mutismus kann auch von einem langandauernden, gefühlsmäßig belastenden Klima in der Familie oder von einer schwierigen Beziehung zu nahen Verwandten oder einen ErzieherIn herrühren. Wenn ein Kind mutistisches Verhalten an den Tag legt, sollte eine psychologische Beratungsstelle aufgesucht werden. Adressen können z.B. dem kostenlosen Beratungsführer entnommen werden, der von der Bundeszentrale für gesundheitliche Aufklärung (Postfach, 5000 Köln 100) herausgegeben wird.

Zweisprachigkeit

- Die Erziehung zur Zweisprachigkeit sollte »natürlich« sein, d.h. die Eltern oder die Umgebung sollten verschiedene Sprachen vertreten. Eine künstliche Zweisprachigkeit wäre es, wenn deutschsprachige Eltern in der Bundesrepublik ihren Kindern Englisch als zweite Sprache ab dem Kleinkindalter vermitteln.

- Die Verteilung: Jeder Elternteil vertritt seine spezielle Sprache oder es wird in Familiensprache und Umweltsprache aufgeteilt.
- Die Zweisprachigkeitserziehung beginnt schon im Babyalter und auch dort sollten schon die Verteilungsprinzipien beachtet und strikt durchgehalten werden.
- Beide Sprachen müssen mit gleicher oder ähnlicher Gründlichkeit und Zuwendung dem Kind nahegebracht werden.
- Vermitteln Sie dem Kind eine bejahende Einstellung zur Zweisprachigkeit. Bringen Sie dem Kind Land und Kultur der schwächeren Sprache auch durch Märchen und Lieder nahe.
- Vermeiden Sie das Entstehen einer Mischsprache. Jede Sprache muss direkt angewendet werden. Ihr Kind sollte nicht eine Sprache in die andere übersetzen, sondern von einer Sprache auf die andere umschalten.
- Überfordern Sie das Kind vor allem in der schwächeren Sprache nicht. Stellen Sie also keine übertriebenen Genauigkeitsansprüche. Schaffen Sie Gelegenheiten, z.B. Ferien, Schüleraustausch, bei denen die schwächere Sprache zur Umgangssprache wird.

Möglichkeiten des Kindergartens

Nahezu alles, was im Kindergarten geschieht, kann Anlass zur sprachlichen Kommunikation werden. Die ErzieherIn sollte hier jede sich bietende Gelegenheit nutzen, um die zur Verfügung stehenden Medien und Aktivitäten der Kinder zu nutzen. Sprachförderung im Kindergarten bezieht sich immer auf alle Kinder. Dennoch können sprachauffällige Kinder in ihrer Sprache durch Bilderbücher, Geschichten, Reime, Fingerspiele, Rollen-, Handpuppen- und Rollenspiele, Musik, rhythmische Bewegung und besondere Übungen für Lippen und Zunge gefördert werden. Die Sprachförderung findet nicht nur in Form von angeleiteten und geplanten Akitivitäten statt, sondern sie ist meist in die Alltagssituation eingebunden. Beispielsweise werden im sogenannten Morgenkreis oder Stuhlkreis wichtige

Sachverhalte mit den Kindern besprochen, Regeln geklärt, Probleme und Konflikte diskutiert und konstruktiv gelöst (Jedes Kind sucht nach Lösungsvorschlägen.). Häufig finden hier auch Erzählrunden statt (z.B. nach dem Wochenende, nach Festen usw.). Jedes Kind kann dann erzählen, was es erlebt hat. In der Bücherecke können die Kinder selbständig vorhandene Bücher anschauen. Manchmal erfinden sie selbst zu den Bildern Geschichten oder sie erzählen sich mit Hilfe der Bilder gegenseitig die Geschichten. Manchmal, wenn sie die Geschichte schon kennen, geschieht dies in Form einer Nacherzählung. Oft wollen die Kinder ein Bilderbuch von der ErzieherIn vorgelesen bekommen. Hier sollte versucht werden, die Kinder so weit wie möglich aktiv an der Erzählung zu beteiligen (z.B. Fragen stellen, Gefühle äußern usw.). Die Sprechfreude kann ebenfalls durch sprachfördernde Spiele geweckt werden. Hier bieten sich z.B. folgende Sprachspiele an:

- Ich sehe was, was du nicht siehst (Beschreibung eines Gegenstandes).
- Wir versuchen lautlich gleichklingende Wörter zu finden (Hagel-Nagel, Kopf-Topf).
- Wir erfinden eine Geschichte (Jedes Kind beteiligt sich mit einem Satz.).
- Wir sprechen Zungenbrecher (Fischer's Fritz fischt ...).
- Wir sprechen Reime, Verse, Gedichte.
- Wir spielen das »Vorstellungsspiel« (Ein Kind sucht sich einen Partner und stellt sich ihm vor: »Ich heiße Miriam und bin fünf Jahre alt.« Der Partner antwortet auf die gleiche Weise. Beide suchen sich wieder neue Partner.).
- Wir spielen »Ich packe meinen Koffer« (Ein Kind beginnt: »Ich packe in meinen Koffer eine Hose.« Das nächste Kind wiederholt diesen Satz und setzt einen neuen Gegenstand dazu: »Ich packe in meinen Koffer eine Hose und einen Pullover.«).
- Tastspiele (Wir ertasten mit verbundenen Augen einen Gegenstand und beschreiben ihn.).

Spiele und Bilderbücher

Eine Spielform, die Kinder besonders zum Sprechen anregt, ist das Rollenspiel. Durch das Rollenspiel lernt das Kind seine Scheu und Hemmungen abzubauen. Häufig kann im Rollenspiel beobachtet werden, wie sich Kinder in ihren selbstgewählten Rollen sprachlich intensiv betätigen (z.B. Imitation von Erwachsenen, Ausprobieren der Hochsprache usw.). Beim lautlichen Nachahmen von Tieren wird der Klang der Stimme geschult. Dazu gehört z.B. fauchen, knurren, gurren und weitere Tiergeräusche. Die Kinder verwandeln sich in die verschiedensten Personen und nehmen deren Handlungsweisen und Sprache an, ohne dies vorher abzusprechen. Diese Spielform kann eigentlich fast überall stattfinden und kann frei von den Einflüssen und Anregungen der ErzieherIn gespielt werden. Was benötigt wird, sind Materialien, Requisiten und ausreichend Platz (»Verkleidungsecke« usw.).

Durch das Einsetzen von Fingerspielen lassen sich Kinder auch zum Sprechen und Mitmachen anregen. Beim Fingerspiel wird es dem Kind durch die erforderlichen Bewegungen erleichtert, die Sprache einzusetzen, weshalb die Kombination von Sprache und Bewegung die Hemmungen bei Kindern schneller verschwinden lässt.

Eine weitere Methode zur Förderung des Sprechens stellen die Zungenübungen dar, die sich ebenfalls mit Geschichten verbinden lassen. Diese Übungen sind für das Sprechen des Kindes sehr wichtig, da hier die Mundwerkzeuge (Zunge, Gaumen und Kiefer) gelockert und gekräftigt werden. Diese spielerische Mundgymnastik schult in erster Linie die Zungenmuskulatur und die Beweglichkeit der Zunge. Dabei sind sie ebenso aufgebaut wie ein Fingerspiel, nur mit dem Unterschied, dass die Handlung nicht mit den Fingern dargestellt wird, sondern mit der Zunge. Die folgenden Beispiele sollen zum spielerischen Üben anregen:

Am Montag bin ich ein Hase und kitzle mich an der Nase (Zunge nach oben).
Am Dienstag bin ich ein Floh, der macht so (Zunge an die Lippen).
Am Mittwoch bin ich ein Hund und lecke meinen Mund.
Am Donnerstag bin ich eine müde Hyäne und gähne.
Am Freitag bin ich eine Maus und laufe schnell aus dem Haus (Zunge schnell rein und raus strecken).
Am Samstag bin ich ein lustiger Drache und lache.
Am Sonntag bin ich ein Murmeltier und schnarche wie wir alle hier.
(v. Schwerin, 1987, 132)

Bilderbücher haben einen starken Aufforderungscharakter. Die Kinder fühlen sich durch die zumeist farbigen und verschiedenartigen Abbildungen zum Sprechen aufgefordert. Spontan äußern sie sich, werden zum Geschichten erfinden und Erzählen dessen, was die Bilder zeigen, angeregt. Wie sich ein Kind bei einer Bilderbuchbetrachtung sprachlich einbringen kann, zeigt das folgende Beispiel (Kolonko, 1997, 49 f.):

Mutter: »Schau mal, was ist da?«
Björn: »aus«
Mutter: »Ja, genau, da sind Mäuse.«
Björn blättert um und zeigt auf ein anderes Tier: »Maus!«
Mutter: »Nein, das sind keine Mäuse. Eichhörnchen heißen die. Sehen ein bißchen aus wie Mäuse.«
Björn: »Maus, Maus.«
Mutter: »Nein, keine Maus, Eichhörnchen.«
Björn wendet sich dem nächsten Bild zu: »Gaggack!«
Mutter. »Ja das sind Enten.«

Zusammenfassung

- Experten sind der Ansicht,dass kindliche Sprachstörungen in den letzten Jahren zugenommen haben und die Tendenz weiter steigend ist. Viele der Symptome (Verzögerung,Störungen der Aussprache und Lautbildung, des Redeflusses, des Sprachaufbaus und des Stimmklangs) können im Verlauf der Sprachentwicklung bei allen Kindern auftreten. Erst wenn diese Merkmale über das vierte bzw. fünfte Lebensjahr hinaus anhalten, kann von einer Störung gesprochen werden.
- Die betroffenen Kinder sollten nicht ständig verbessert werden, da sie sonst die Sprechfreude verlieren.
- Die Eltern sollten von ErzieherInnen und LehrerInnen rechtzeitig auf die Störung hingewiesen werden, damit eine baldige Behandlung einsetzen kann.

Anregungen

- Kommentieren Sie die Sprache und die Umwelt der Kinder. Wenn dass Kind z.B. einen Hund mit »Wau-wau« benennt, so sagen Sie dem Kind, dass dies ein Hund ist, der »wau-wau« macht.
- Loben Sie auch Kinder für ihre sprachlichen Leistungen. Verstärken Sie das Sprechen der Kinder durch aufmerksames Zuhören.
- Versuchen Sie mit einer Bilderbuchbetrachtung Kinder sprachlich zu aktivieren.

2.2 Sozialverhalten

Soziales Verhalten ist nicht angeboren, sondern das Kind muss es von Geburt an lernen und üben. Dabei verläuft die Entwicklung des Sozialverhaltens einmal im Sinne der Interaktion und Kommunikation, angefangen vom ersten Lächeln über die Ausbildung stabiler Beziehungen zu den festen Bezugspersonen hin zu den ersten Kontakten mit Gleichaltrigen. Die Herausbildung des Sozialverhaltens verläuft jedoch auch im Sinne der Schaffung des sozialen Wesens, der Übernahme von Werten, Normen, Rollen und der Ausprägung des Gewissens. Die Shell-

Studie von 1997 ermittelte, dass jene Werteinstellungen und Werthaltungen, die sozial erwünscht sind, wie z.B. »anderen Menschen helfen«, »Rücksicht auf andere nehmen« und »Verantwortung für andere übernehmen«, in der Rangskala erkennbar nach hinten gerutscht sind (vgl. Shell-Studie, 1997), während Werte wie »sich selbst entfalten«, »das eigene Leben genießen« oder »sich selbst verwirklichen« an erster Stelle stehen. Diese Ergebnisse zeigen sich auch in den Schulen, wo Lehrer das mangelhafte Sozialverhalten vieler Schüler beklagen. Außerdem berichten Mediziner von einer zunehmenden Anzahl von Kindern und Jugendlichen, die ein gewaltbereites und -orientiertes Verhalten, fehlende Rücksicht, wenig Empathie und Solidarität zeigen. Kennzeichnend für eine solche Störung ist ein dissoziales Verhalten, das wiederholt und andauernd auftritt und in gröbster Weise Verstöße gegen altersentsprechende soziale Normen aufweist. Dies drückt sich in Leistungsverweigerung (z.B. Schulschwänzen), aggressivem Verhalten, Unfähigkeit zur Gestaltung befriedigender Beziehungen, Kontaktstörungen, Tyrannisieren, Streunen, Verwahrlosung, Davonlaufen bis hin zu kriminellen Handlungen (z.B. Sachbeschädigung, Diebstahl, Körperverletzung) aus. Nach verschiedenen Studien wird der Anteil der betroffenen Kinder und Jugendlichen auf 4–5 Prozent geschätzt, wobei Jungen viermal häufiger als Mädchen betroffen sind.

Beispiele für ein gestörtes Sozialverhalten aus einem Elternfragebogen (Steinhausen, 2000, 228):

- Streitet oder widerspricht viel
- Gibt an, schneidet auf
- Ist roh oder gemein zu anderen oder schüchtert sie ein
- Verlangt viel Beachtung
- Macht Sachen kaputt
- Gehorcht nicht
- Ist leicht eifersüchtig
- Gerät leicht in Raufereien, Schlägerein
- Greift andere körperlich an
- Schreit viel
- Hänselt andere gern
- Hat Wutausbrüche
- Bedroht andere

Die Störungen des Sozialverhaltens führen zu dauerhaften Schwierigkeiten für das betroffene Kind und seine Umwelt. Nach Auffassung von Experten hat die Kinder- und Jugendkriminalität in Deutschland erschreckende Ausmaße angenommen. Dabei werden die Täter immer jünger und gehen immer brutaler und rücksichtsloser vor. Elf- und zwölfjährige Straftäter sind keine Ausnahmen mehr. Immer mehr Kinder stehlen z.B. in Kaufhäusern und Supermärkten.

Gewalt im Schulalltag sind die vielen kleinen Reibereien, Schikanen, Verletzungen und Konflikte, die sich jeden Tag ereignen. Kinder verhalten sich häufig stark ich-bezogen (übersensibel mit sich, aggressiv gegen andere), sozialblind und erörterungstaub: »Aggressives Verhalten, seelische Deformation und vermindertes moralisches Urteilsvermögen« kritisierte der Vorsitzende des Bayerischen Lehrer- und Lehrerinnenverbandes, A. Dannhäuser, seien in den Schulen kaum mehr beherrschbar (Spiegel 42/1992, 40). Ein Streit um Kleinigkeiten wie einen Bleistift kann schnell zur Prügelei eskalieren: »Also, der Kai sitzt da, tut nichts, macht nichts. Und wenn's ihm dann langweilig wird, nimmt er den Bleistift und piekt Sabine. Die lässt sich das zweimal gefallen und dann klatscht sie ihm eine. Tja – und dann hab' ich eine halbe Schlägerei. Oder Kathrin, die flippt montags regelmäßig aus, schreit rum, kriegt hysterische Anfälle. Torsten rennt schon vor dem Unterricht alles um, alles was ihm in die Quere kommt« (Erziehung und Wissenschaft 10/1991, 8).

Wenn Schüler heute aufeinander einprügeln, gehe es weit brutaler zu als früher, urteilt der Bielefelder Jugendforscher K. Hurrelmann: »Die Täter kennen keinen Ehrenkodex mehr, der die Opfer noch bis vor kurzem vor grenzenloser Brutalität schützte. Es wird auch weiter geschlagen und getreten, wenn das Opfer schon kampfunfähig am Boden liegt« (Frankfurter Rundschau, 22.1.1993). Eine Umfrage, die die Klasse 7e der Hamburger Gesamtschule Bergedorf durchführte, ergab folgendes Ergebnis: Schimpfwörter werden ziemlich oft benutzt (mit »Ja« antworteten 86%). Da Ausdrücke wie »Kuh«, »Arsch«, »Idiot«, »Ziege« usw. offenbar nicht mehr ausreichen, um jemanden zu verletzen, werden immer obszönere Wörter wie »Hure«, »Nutte« und »Hurensohn« verwendet. Schon die Drei- bis Sechsjährigen im Kindergarten reagieren immer aggressiver, schlagen eher gezielt zu und beschimpfen sich grob. Das Klima in den

Kindergärten ist rauer geworden, berichten viele ErzieherInnen. Schimpfworte aus dem Fäkal- oder Intimbereich gehören heute zum Wortschatz vieler kleiner Kinder. Nach Angaben des Sozialministeriums im Saarland (1993) fällt ein Viertel bis ein Drittel der Kindergartenkinder durch Verhaltensstörungen wie Aggressivität oder Kontaktschwierigkeiten auf. Es werden auch immer mehr Unfälle, die durch grobe Schubsereien ausgelöst werden, gemeldet. Vielen ErzieherInnen bereiten die wilden, teilweise aggressiven Jungen große Schwierigkeiten. Sie beklagen, dass diese häufig auf Kosten der stilleren Jungen und Mädchen ihre Aufmerksamkeit beanspruchen.

Aggressives Verhalten

Unter aggressivem Verhalten versteht man in der Regel eine schädigende, verletzende und zerstörende Handlung, die sich gegen Lebewesen oder Sachen richtet. Die Aggression kann schmerzzufügende, störende, Ärger erregende und beleidigende Verhaltensweisen umfassen. Eine destruktive Aggression liegt vor, wenn z.B. ein Kind ohne sichtbaren Grund anfängt, andere Kinder zu schlagen, zu treten, zu kratzen oder zu beißen. Aggressionen in Kindergärten und Schulen sind ein Dauerbrenner als Thema bei Konferenzen, Teambesprechungen und Elternabenden. Dabei geht es um Fallbeispiele, wie sie im folgenden geschildert werden:

- Michael (4,5 Jahre) hat in der Bauecke eine Straße und einen Turm gebaut und beginnt nun mit zwei Autos auf der Straße zu fahren. Florian und Christian stoßen kurz danach an den Turm, der sofort umstürzt. Michael boxt Christian gleich in den Bauch, nimmt gleich eine Angriffshaltung ein (ungefähr so wie in Kung-Fu-Filmen) und will Christian noch einen Tritt verpassen.
- Die Tür geht auf mit einem lauten Knall. In den Hort »rasen« nach einem sechsstündigen Unterricht mehrere Grundschulkinder. Wild und laut räumen sie die Schultaschen weg oder auch nicht und werfen die Jacken auf die Bänke. In diesem Durcheinander schubsender, brüllender und tobender Kinder entstehen häufig Prügeleien: Mark rennt durch den Flur und schleudert seine

Schultasche direkt auf Alexander. Dieser nimmt die Tasche und wirft sie fort, so weit er kann. Mark stürmt auf Alexander zu, und eine Auseinandersetzung mit Fausthieben beginnt.

Ursachen

Aggressionen entstehen nicht aus heiterem Himmel oder fallen nicht völlig unerwartet über uns herein: »Gewalt entsteht in zwischenmenschlichen Beziehungen und ist ein Signal dafür, dass die sozialen Kontakte nicht zur gegenseitigen Zufriedenheit ablaufen. Gewalt stellt meistens die Endphase aufgeschaukelter Konflikte dar« (Bründel/Hurrelmann, 1994, 3). Die Entstehung von aggressiven Verhaltensweisen wird von wissenschaftlichen Theorien wie folgt erklärt:

- Die *Frustrations-Aggressions-Hypothese* besagt, dass eine Frustration (Unterbrechung oder Störung einer zielgerichteten Handlung, z.B. Versagung eines Wunsches) eine Aggression nach sich zieht. In der täglichen Freispielphase im Kindergarten kann oft beobachtet werden, dass beim Malen ein Farbstift zu einem heftigen Streit führen kann. Die Kinder sind häufig nicht in der Lage, sich durch Absprachen zu einigen, wer den Stift benutzen darf. Dies hat zur Folge, dass die Kinder sich verbal (»Du, gib den Stift her, oder es knallt!«) oder körperlich durchzusetzen versuchen.
  Bei dieser Theorie ist aber zu bedenken, dass nicht auf jede Frustration zwangsläufig eine Aggression folgt, denn das Erleben von Frustration ist sehr individuell und jeder kann sie unterschiedlich verarbeiten (konstruktiv oder destruktiv).
- *Die Lerntheorie* sieht die Aggression als erlernt an, z.B. imitieren Kinder aggressive Vorbilder oder die Kinder erhalten für ihr aggressives Verhalten eine positive Verstärkung (Erfolg/Belohnung).
  Drei Mädchen, alle im Alter zwischen drei und vier Jahren spielen in der Puppenecke.
  Lisa: »Ich möchte nichts essen.«
  Gaby: »Wenn du nicht ißt, dann bekommst du eine Ohrfeige.«
  Nachdem sich Lisa weiterhin weigerte zu essen, bekam sie von Gaby eine Ohrfeige. Auf Nachfrage der Erzieherin sagte Gaby,

dass sie zu Hause von ihrem Vater eine Ohrfeige erhalte, wenn sie nicht essen wolle.

- Wie in der *Vergleichenden Verhaltensforschung* (Lorenz) wird in der Psychoanalyse (Freud) davon ausgegangen, dass Aggressionen auf einem angeborenen Trieb beruhen. Es wird angenommen, dass in der frühen Kindheit nicht befriedigte und verarbeitete menschliche Grundbedürfnisse (Erlebnisse von Versagungen und Verweigerungen) aggressives Verhalten hervorrufen. Diese Theorie ist in der Praxis außerordentlich schwer nachzuweisen.
- Nach Auffassung der *Individualpsychologie* (Adler) kann ein Minderwertigkeitsgefühl aggressives Verhalten auslösen. Die Aggressionen dienen dann zum Schutz des Selbstwertgefühls und sollen das Ich vor Bedrohungen von außen schützen.

Finden Kinder insbesondere bei ihren Eltern zu wenig Zuwendung, Geborgenheit und Rückhalt und erfahren sie auch in der Familie Gewalt (Vorbild der Eltern, Medien), so kann dies zu Aggressionen führen, die an völlig unbeteiligten Personen oder Sachen abreagiert werden: »Kinder und Jugendliche, die aggressiv werden, spiegeln uns Erwachsenen den kulturellen Zustand der Gesellschaft wider: Sie werden aggressiv, wenn sie nicht die Zuwendung und den Zuspruch erfahren, den sie für eine gesunde Entwicklung benötigen, wenn ihre Bedürfnisse nach Anerkennung und Selbstentfaltung über einen langen Zeitraum missachtet werden« (Bründel/Hurrelmann, 1994, 3).

Was können Eltern, ErzieherInnen und LehrerInnen tun?

- Eine wichtige Voraussetzung für den geeigneten Umgang mit aggressiven Kindern ist ein positiver pädagogischer Bezug zu dem betreffenden Kind, denn nur in einem vertrauens- und liebevollen Verhältnis zwischen ErzieherIn und Kind kann sinnvoll erzieherisch gearbeitet werden. Dies schließt aber auch im Ernstfall konsequentes Handeln mit ein, was das Erarbeiten und Aufstellen von Regeln, z.B. bei Konflikten, voraussetzt. Mit Hilfe von Rollenspielen, Gesprächen und Bilderbuchbetrachtung kann das Kind einen konstruktiven Umgang mit der Aggression lernen, z.B.

Konflikte nicht handgreiflich sondern verbal zu lösen. Martin (5 Jahre) hat sich ein Spiel mit mir ausgedacht, was der Erzieherin eine große Hilfe ist, mit seinen Aggressionen umzugehen. Es ist ein Rollenspiel, in dem er immer die Rolle eines Kleinkindes oder Babys spielt. Manchmal ist die Erzieherin eine Fuchsmutter und er ist ein kleiner Fuchs. Ein anderes Mal ist er ein Maus-Baby und die Erzieherin die Maus-Mutter. In solchen Situationen kann die Erzieherin spielerisch eingreifen und Martin Konfliktlösungen anbieten. Die Ermöglichung und Befähigung zu nicht-aggressiven Konfliktlösungsstrategien ist auch sehr vom Vorbild der Erwachsenen abhängig. Kinder sollten auf verbale Lösungsmöglichkeiten hingewiesen werden, d.h. dass sie z.B. eine Abmachung über ein Spielzeug treffen können und sie deshalb ein anderes Kind nicht körperlich bedrohen oder angreifen brauchen.

- Positives Sozialverhalten sollte verstärkt werden, um den Kindern Alternativen zu aggressivem Verhalten zu demonstrieren. Bei Aggressionen sollten den Kindern die Folgen ihres Verhaltens aufgezeigt werden. Dies bedeutet, dass sich aus dem aggressiven Verhalten logische bzw. negative Folgen ergeben. Falls es sich um die Zerstörung eines Bauwerks handelt, kann das betreffende Kind aufgefordert werden, den Schaden wieder zu beheben (Wiedergutmachung). Bei körperlicher Aggression gegen ein anderes Kind ist eine Entschuldigung beim betroffenen Kind anzustreben. Wenn ein Kind massive Aggressionen zeigt und damit andere Kinder gefährdet bzw. dauernd stört, scheint eine Auszeit (»time out«) eine brauchbare Maßnahme zu sein. Das Kind wird z.B. aus der Gruppe entfernt und in einen anderen Raum gebracht, damit es sich beruhigen kann. Anschließend sollte mit dem Kind über sein Verhalten gesprochen werden.
- Möglichkeiten des akzeptierten Abreagierens von Aggressionen schaffen: Sandsack, Tanzen, Sport, Bewegungsspiele (z.B. New Games), Bewegungsbaustelle, Werken, Tonen, Malen (z.B. Fingerfarben-Malen), Puppentheater, Rollenspiel, Musik (z.B. Trommeln) usw.
- Förderung von Vereinsaktivitäten mit prosozialem Verhalten, z.B. Einübung von Fair-Play-Regeln.
- Eindämmung von aggressiven Verhaltensmustern in der Umwelt

des Kindes (z.B. weniger Fernsehkonsum usw.) und Aussetzung der Belohnung aggressiven Verhaltens.

- Angemessene Leistungsanforderungen und die Übernahme von besonderen Aufgaben können die positiven Seiten eines Kindes aktivieren und sein Selbstbewusstsein verbessern. Erfolgserlebnisse heben das Selbstwertgefühl und tragen zur Ich-Stärkung bei.
- Anleitung: Wie Sie Ihr Kind ermutigen können, sich in Gewaltlosigkeit zu üben:
  - Setzen Sie sich häufiger mal als Familie zusammen.
  - Pflegen Sie familiäre Traditionen, die sich wöchentlich, monatlich oder jährlich wiederholen und auf die sich das Kind freuen kann.
  - Hören Sie Ihrem Kind zu und sprechen Sie mit ihm.
  - Zeigen Sie Ihrem Kind, dass sich auch Unbekanntes meistern lässt. Muten Sie ihm Herausforderungen und Abenteuer zu und ermutigen Sie es dabei. Lassen Sie zu, dass ihr Kind auch Fehler machen darf und besprechen Sie mit ihm mögliche Lösungswege.
  - Zeigen Sie Ihrem Kind, dass man mit Missempfindungen und Frustration auch umgehen lernen kann. Erlernen Sie mit ihm Entspannungsübungen und lassen Sie es seinen Ärger dort austoben, wo es niemandem wehtut, z.B. beim Sport.
  - Seien Sie zärtlich zu Ihrem Kind. Weint es, so nehmen Sie es in den Arm und trösten es.
  - Wählen Sie zusammen mit Ihrem Kind aus, welche Fernsehsendungen es sehen möchte und darf, und schauen sie diese gemeinsam an. Seien Sie Vorbild – Fernsehen ist nicht nur für Ihr Kind sondern auch für Sie nur eine von vielen Freizeitmöglichkeiten.
  - Geben Sie Ihren Kindern vielfältige geistige Anregungen.
  - Ankommen ist wichtig, nicht: Erster sein. Partnerschaft ist für alle gewinnbringender als Konkurrenz.
  - Achten Sie darauf, dass Ihr Kind vereinbarte Regeln einhält und tun Sie es selber auch.
  - Schläge haben noch jedem geschadet. Erinnern Sie sich, wie weh Ihnen als Kind die Ohrfeige ihres Vaters oder Ihrer Mutter tat? Ersparen Sie Ihrem Kind diese Kränkung.

- Zeigen Sie Ihrem Kind, dass Sie Ihre Konflikte friedlich lösen. Seien Sie gesprächsbereit und gehen Sie auf Ihren Gesprächspartner zu.
- Gehen Sie in Ihrer Familie respektvoll miteinander um. Jeder hat das Recht darauf, gehört zu werden.
- Bleiben Sie gelassen, wenn Dinge anders laufen als geplant. Das muss nichts Schlechtes sein.
- Halten Sie Ihr Kind dazu an, Verantwortung für sein eigenes Handeln zu übernehmen. Übertragen Sie ihm Verantwortung für das Familienwohl dort, wo es sie tragen kann (z.B. Mithilfe im Haushalt).
- Nehmen Sie Anteil an den Problemen Ihres Kindes, aber lassen Sie ihm Freiraum, selbst Lösungswege zu finden und Entscheidungen zu treffen.

- Um den Kindern gewaltlose Konfliktlösungen zu vermitteln, bieten sich auch soziale Lernmaterialien wie z.B. »Vertragen, nicht schlagen« an. Verschiedene Bildkarten zeigen Kinder in Konfliktsituationen und kleine Karten stellen unterschiedliche Lösungswege bildlich dar. Ein Bild zeigt z.B. sechs Kinder, die eine Schachtel Süßigkeiten bekommen haben. Für jedes Kind ist ein Stück da, doch drei Kinder nehmen sich je zwei Stück. Die kleinen Bildkarten zeigen folgende Reaktionen der Kinder:
  - Die Kinder, die leer ausgegangen sind, fangen an zu weinen, wehren sich jedoch nicht.
  - Die Kinder, die leer ausgegangen sind, versuchen den anderen Kindern die Süßigkeiten mit Gewalt wegzunehmen, was dann in eine Schlägerei ausartet.
  - Die Kinder reden miteinander. Schließlich werden die Süßigkeiten gerecht geteilt.
- Der Einsatz von Bilderbüchern kann für die Förderung prosozialen Verhaltens ebenfalls nützlich sein. Bilderbücher, die diese Thematik ansprechen, sind z.B.
  - Kartoffeln hier – Kartoffeln da
  - Eine Maus sucht einen Freund
  - Anna und die anderen
  - Selim und Susanne usw.

- Spiele wie »New Games« und »Spiele ohne Verlierer« sowie Interaktionsübungen können den Kindern Alternativen zur körperlichen Aggression aufzeigen.
  Das Spiel »Ich bin in den Brunnen gefallen.« vermittelt den Kindern die Möglichkeit, einander zu helfen: Ein Kind sitzt oder liegt in der Mitte des Kreises und ruft: »Hilfe! Ich bin in den Brunnen gefallen!« Die Kinder fragen: »Wieviel Meter tief?« Antwort: »50 Meter tief.« Die Kinder fragen. »Wie können wir dich wieder herausholen?« Antwortmöglichkeiten: Durch Händeklatschen, Füßegetrampel usw.. Außerdem kommen die Kinder zu Hilfe und ziehen das in »den Brunnen gefallende« Kind wieder heraus.
  Die folgenden, meist kurzen und bewegungsintensiven, Spielaufgaben können bei Kindern Aggressionen abbauen:
  - Hüpft wie Frösche.
  - Bewegt euch wie Krebse.
  - Macht euch Fratzen vor.
  - Heult wie die Wölfe.
  - Kriecht wie Regenwürmer.
  - Fahrt mit einem Rennwagen durch die Gegend, ohne dass ihr euch berührt.
  - Lacht so laut ihr könnt.
  - Schreit so laut ihr könnt.
  - Spielt verschiedene Musikinstrumente (Gitarre, Schlagzeug usw.).
  - Tut so, als ob ihr eine Kissen- oder Schneeballschlacht macht.
  - Klatscht im Rhythmus 1–2, 1–2–3, 1–2, 1–2–3. . .

  Am Ende solcher Bewegungsaufgaben empfiehlt es sich, die Kinder mit einer Entspannungsübung wieder zu beruhigen: »Legt euch auf den Boden. Schließt Augen und Mund. Bewegt den Körper nicht und atmet ruhig.«
- »Ausflug in den Urwald«
  Die Kinder ahmen verschiedene Tiere in ihren Bewegungen nach. Sie stampfen mit ihren Füßen wie die Elefanten, galoppieren wie die Zebras, schleichen wie die Löwen und Tiger, springen wie die Affen, kriechen wie die Schlangen usw. Außerdem können auch passende Tiergeräusche nachgeahmt werden: Die Schlangen zi-

schen, die Löwen und Tiger brüllen, die Pferde wiehern, die Elefanten trompeten usw.

- »Pferderennen«
  Der Spielleiter kommentiert ein Pferderennen. Dabei verstärkt er alles Gesprochene durch passende Bewegungen und Geräusche, die die Kinder imitieren sollen. Die Reportage könnte so lauten: Die Pferde stehen unruhig am Start. Da kommt der Start. Achtung, fertig, looos! Und ab geht die Post.
  Alle Pferde traben los.
  Im Wechsel auf die Oberschenkel schlagen.
  Jetzt erreichen die ersten den Wassergraben.
  Geräusch des Trabens durch das Wasser nachahmen, indem man mit dem Zeigefinger auf den Mund klopft.
  Und weiter geht's im Trab.
  Im Wechsel wieder auf die Oberschenkel schlagen.
  Nun kommt das erste Hindernis.
  Mit beiden Händen wird das Hindernis in der Luft überquert.
  Geschafft!
  Im Wechsel auf die Oberschenkel schlagen.
  Jetzt die Doppelhürde.
  Doppeltes »Hindernis« mit beiden Händen überspringen.
  Auch geschafft!
  Das Traben fortsetzen, also im Wechsel auf die Oberschenkel schlagen.
  Da kommen die ersten auf die Zielgerade. Hopp, hopp, hopp, Ziel!
  Schlagen auf die Oberschenkel beschleunigen und die Arme hochwerfen.
- »Ein Unwetter kommt«
  In diesem Spiel geht es darum, extreme Witterungsbedingungen nachzuahmen: Wind kommt auf – die Kinder pusten, zischen, pfeifen tief…
  Es tröpfelt – mit den Fingern wird langsam auf die Tischplatte geklopft. Der Regen wird stärker – die Finger klopfen immer schneller. Es gießt in Strömen – die Hände patschen auf die Tischplatte. Hagel setzt ein – die Fingerknöchel poltern auf den Tisch. Es donnert – die Fäuste und Stimmen der Kinder sind zu hören. Der Regen wird weniger – immer langsamer werdendes Trommeln der

Finger, bis schließlich nichts mehr zu hören ist und alle fröhlich rufen: »Hurra, die Sonne scheint wieder!«

Die Kinder können zu Entspannung, Gelöstheit und Ruhe z.B. durch Meditationen bzw. Traumreisen hingeführt werden. Als exemplarisches Beispiel dient hierzu die folgende Übung:

»Schließt eure Augen und setzt oder legt euch ruhig hin. Nehmt euch etwas Zeit und achtet auf die Gefühle in eurem Körper. Haltet ihr den Atem an oder atmet ihr gleichmäßig? Spürt ihr eine Anspannung oder einen Druck in irgendeinem Teil eures Körpers? Ihr werdet jetzt euren Körper entspannen, indem ihr entspannt atmet.

Atmet ein … und aus … und ein … und aus, lasst alle Gedanken und Sorgen fallen. Atmet ruhig weiter ein … und … aus und konzentriert euch auf eure Füße. Denkt nur an eure Füße, an nichts anderes. Könnt ihr sie spüren? Vielleicht ist es das erste Mal, dass ihr nur an eure Füße denkt. So, holt jetzt tief Luft und spannt die Muskeln in euren Füßen an …, haltet die Spannung … und jetzt entspannt ihr eure Fußmuskeln wieder, während ihr ausatmet. Atmet jetzt leicht und ruhig weiter. (Pause)

Konzentriert euch jetzt auf eure Beine – nur auf die Beine; auf nichts anderes und fühlt sie. Jetzt atmet ein während ihr die Beinmuskeln anspannt …, haltet die Spannung … und entspannt eure Beinmuskeln wieder während ihr ausatmet. (Pause)

Konzentriert euch jetzt auf euren Po und euer Becken. Atmet ein und spannt die Muskeln in Po und Becken an … haltet die Spannung … und entspannt die Muskeln wieder während ihr ausatmet. (Pause)

Konzentriert euch jetzt ganz auf den Rücken … atmet ein und spannt euren Rücken an … haltet die Spannung … und entspannt euch wieder, während ihr ausatmet. (Pause)

Konzentriert euch jetzt auf den Bauch. Fühlt ihn und fühlt ob ihr die Bauchmuskeln anspannt. Jetzt atmet ruhig ein und spannt dabei die Bauchmuskeln an … haltet die Spannung und entspannt euch. (Pause)

Konzentriert euch auf den Brustkorb … spannt ihn an … und entspannt euch wieder. Atmet immer ruhig und leicht weiter. Konzentriert euch auf eure Schultern … Spürt ihr in der einen Schulter mehr Spannung als in der anderen? Atmet jetzt wieder ein und spannt die

Schultermuskeln an … Haltet die Spannung und entspannt euch. (Pause)

Konzentriert euch jetzt auf eure Arme und Hände. Spannt eure Muskeln in der Hand an, in dem ihr eine Faust macht … haltet die Faust … und entspannt euch während ihr eure Faust nun Finger für Finger wieder öffnet. (Pause)

Achtet nun auf euren Kiefer und die Gesichtsmuskeln. Spürt ihr sie? Atmet ein und spannt dabei die Muskeln in eurem Kiefer, eurem Mund, der Nase und den Augen an … haltet die Spannung … und befreit euch von allen Spannungen, die in eurem Gesicht vorhanden waren. (Pause)

Konzentriert euch auf Stirn und Kopf. Atmet ein und spannt die Muskeln von Stirn und Kopf an … haltet die Spannung und entspannt euch. Achtet auf eure Atmung … Atmet ruhig und leicht … und genießt euren entspannten Körper.

(Nach einer Minute) Kehrt wieder ins volle Bewusstsein zurück, während ich bis drei zähle. Wenn ich bei drei angelangt bin, öffnet eure Augen. Eins … zwei … drei … « (Murdock, 1990, 36 f.).

Sozial unsicheres, gehemmtes und schüchternes Verhalten hat immer etwas mit anderen Menschen zu tun. Die Interaktion ist gestört, und oftmals werden Kontakte zu anderen Menschen vermieden oder gar verweigert. In der Schule macht sich dies im mündlichen Unterricht bemerkbar. Gehemmte und schüchterne Schüler kommen oft einfach nicht zum Zuge und werden dann eventuell zu Unrecht als faul eingestuft. Bei Kindern lässt sich diese Problematik an folgenden Symptomen festmachen:

- *Still sein:* Die Kinder erzählen wenig, fragen, erbitten oder wünschen sich kaum etwas.
- *Sprechen:* Die Kinder sprechen sehr leise und geben oft nur kurze Antworten.
- *Körperausdruck:* Die Gestik (nervöses Spiel mit den Händen, Fingern oder kleinen Gegenständen, Händezittern und Nägelkauen) können sozial unsicheres Verhalten signalisieren.
- *Bewegungen:* Anzeichen für Unsicherheit sind hier eine verkrampfte Körperhaltung und sich nicht von der Stelle bewegen wollen.

- *Handlungen und Tätigkeiten:* Die Kinder wenden sich alleine keiner Beschäftigung zu, resignieren schnell bei gestellten Aufgaben oder verweigern sie ganz.
- *Sozialkontakt:* Die Kinder schließen sich keiner Gruppe an. Sie verweigern soziale Aufgaben wie Verpflichtungen und Aufforderungen oder stimmen allem zu.

Soziale Unsicherheit

Zu verwöhnendes oder beschützendes, aber auch vernachlässigendes oder stark bestrafendes Erziehungsverhalten kann soziale Unsicherheiten bedingen. Wenn dem Kind alle Probleme abgenommen werden, kann es keine soziale Fertigkeiten zum Problemlösen entwickeln, die es in der Interaktion mit anderen Menschen benötigt. Um sozial unsicheren Kindern zu helfen, entwickelten U. und F. Petermann ein Trainingsprogramm, wobei sie für die verschiedenen Entwicklungsphasen individuelle Programme entwarfen. Die Anwendung soll nun am *Fallbeispiel* Tim aufgezeigt werden.

Tim ist 4,5 Jahre alt und besucht seit 1½ Jahren eine Kindertagesstätte. Sein älterer Bruder ist in einer anderen Gruppe der gleichen Einrichtung. Die Kontaktaufnahme bei Tim ist recht unterschiedlich. Die festen Kontaktpersonen aus seiner Gruppe nehmen von sich aus Kontakt zu ihm auf, indem sie auf ihn zugehen und ihn ansprechen. Ist keines seiner Kontaktkinder da, meldet sich Tim für die Gruppe ab, in der sein Bruder ist. Ist keines seiner Kontaktkinder in der Einrichtung oder sind sie gerade alle beschäftigt, sitzt oder steht Tim im Gruppenzimmer und beobachtet die anderen Kinder beim Spielen. Von sich aus sucht er kaum Kontakt zu anderen Kindern, sondern wartet bis er von ihnen oder einer Erzieherin angesprochen wird. Manchmal sitzt er am Maltisch und malt dort Bilder für seine Mutter. Er wehrt sich nicht, wenn ihm ein anderes Kind etwas wegnimmt, z.B. Farben, Stuhl usw. Es kommt auch vor, dass sein Bruder die Austragung eines Konfliktes für ihn übernimmt. Es fällt auch auf, dass Tim sich weigert, bei Kreisspielen eine Rolle zu übernehmen. Oft sagt er schon »Ich will nicht«, bevor er angesprochen wird. Dabei spielt er immer aufgeregt mit den Händen oder mit den Hausschuhen.

Allgemeine Ziele des Trainings für Kindergartenkinder:

- Überwinden von Sprechängsten
- Beruhigen durch Selbstinstruktion (Selbstverhaltensmaßregeln)
- Sich in bedrohliche Situationen eindenken und verschiedene Lösungen und deren Konsequenzen erkennen
- Aktives Suchen von Erproben von unterschiedlichen Lösungen im Rollenspiel
- Genau aussprechen, was man will, damit der andere sich vorstellen kann, um was es geht.
- Erzählen von eigenen Erlebnissen, wobei auch angstbesetzte und bedrohliche Situationen ausgehalten und gemeistert werden können (vgl. Petermann/Petermann, 1996, 120f.).

1. Sitzung: Der Einsatz von Handpuppen

Das Puppenspiel besteht aus zwei Szenen, welche zu Beginn von der Erzieherin vorgespielt werden.

1. Szene: Traurige Puppe
(Widerspiegelung des Problemverhaltens)

»Ach Tabea/Kai, jetzt sitze ich schon seit zehn Minuten vor meinem Puzzlespiel und schaffe es wieder mal nicht, die einzelnen Teile passend zusammenzufügen. Ich kann das einfach nicht, und es geht einfach viel zu langsam vorwärts. Aber wenn ich jetzt aufgebe und Mutti schon wieder störe, wird sie bestimmt böse werden. Ach, am liebsten bin ich bei Mutti. Aber sie hat nicht immer Zeit für mich.Sie sagt, sie kann sich nicht rund um die Uhr mit mir beschäftigen, weil sie eine Menge anderer Dinge zu erledigen hat. Tja Tabea/Kai, so ist das, und jetzt sitze ich vor meinem Puzzle und schaffe es mal wider nicht.«

Tim erzählt die Geschichte nach und benennt dabei die Gefühlslage der verwendeten Puppe.

2. Szene: Mutmacherpuppe
(Aufzeigen von möglichen Problemlösungsstrategien)

»Na Ruth/Tim, ich beobachte dich schon eine Weile, wie du hier so mutlos vor deinem Puzzlespiel sitzt. Ich denke, das Puzzle ist auch noch viel zu schwer für dich, zu viele Einzelteile, die zusammengesetzt werden müssen. Das würde ich auch nicht schaffen. Vielleicht solltest du zunächst einmal mit einem kleineren Puzzle anfangen. Das ist dann besser zu schaffen und macht gleich viel mehr Spaß. Du könntest das fertige Puzzle später auf Pappe aufkleben, dann hast du hinterher ein richtiges Bild, das du in deinem Kinderzimmer aufhängen kannst. Du Ruth/Tim probier' das doch mal aus. Du schaffst das bestimmt. Du musst dir nur ganz fest sagen: »Ich will es und ich kann es auch«, dann schaffst du es sicher.«

Die »Mutmacherpuppe« wird gegen eine lachende Puppe (symbolisiert den Erfolg) ausgetauscht.

»Mensch Ruth/Tim, das ist eine prima Idee. Wenn ich aus dem Puzzle ein richtiges Bild machen kann, dann hab´ ich gleich viel mehr Lust dazu. Und – weißt du was? Das Bild schenke ich hinterher der Mutti, da wird sie Augen machen. Sie freut sich bestimmt riesig und wird stolz auf mich sein. Ich fange gleich damit an.« Tim erzählt den Ausgang der Geschichte, und gemeinsam mit der Erzieherin überlegen wir uns weitere Problemlösungsmöglichkeiten.

Tim spielt die Geschichte mit seinen Handpuppen nach und spielt am Ende die Problemlösung, die ihm am besten gefällt.

2. Sitzung:Gesichter wahrnehmen

(Ziel: Sensibilisierung der Wahrnehmung für zwischenmenschliche Situationen)

Hier setzt die ErzieherIn ein Memory mit Bildern von Menschen mit verschiedenen Gesichtsausdrücken (z.B. mit fröhlichem, lachendem, weinendem, traurigem Gesicht) ein. Der Spielverlauf ist wie beim herkömmlichen Memory der gleiche. Bei gefundenen Paaren unterhalten sich die ErzieherIn und das Kind über den Gesichtsausdruck der Personen.Dabei stellt die ErzieherIn Fragen wie z.B.:

- Wie sieht das Gesicht aus?
- Wie fühlt sich der Mensch?

- Hast du heute schon jemanden gesehen, der so ein Gesicht gemacht hat?
- Was könnte passiert sein, dass die Person nun so schaut?

Am Ende des Spiels werden alle Gesichtsausdrücke nebeneinander gelegt und miteinander verglichen:

- Was ist an den Gesichtern anders?
- Worin unterscheiden sie sich?

3. Sitzung: Die Fotogeschichte

Petermann/Petermann (1996) verwenden für diese Sitzung unterschiedliche Fotos sozialer Situationen mit Gleichaltrigen aus dem Kindergartenalltag. Für jede Situation gibt es zwei Lösungen, eine in der das Kind sozial unsicher ist und eine, in der das Kind sicher und kompetent reagiert. Die ErzieherIn und das Kind besprechen die Situation und die unterschiedlichen Lösungen. Anschließend werden die zwei Lösungen mit Hilfe einiger Fragen analysiert:

- Was für ein Problem hat das Kind?
- Wie steht das Kind da?
- Wie ist sein Gesichtsausdruck?
- Wie ist sein Blick?
- Was macht das Kind? Wie verhält es sich?
- Wie fühlt sich das Kind?
- Warst du auch schon mal in einer solchen Situation?
- Wie hast du dich da gefühlt?
- Was hast du gemacht?

Die Fotogeschichte kann am Ende noch mit Handpuppen nachgespielt werden.

4. Sitzung: Die Comicgeschichte

Arbeitsmaterialien dieser Sitzung sind sechs Bilder, die eine Comicgeschichte ergeben, welche zwei verschiedene Enden hat. Bei einem Ende handelt das Kind sozial unsicher und beim anderen sozial kompetent. Die Hauptfiguren dieser Bildergeschichte sind der »Antennentiger«, der das sozial unsichere, ängstliche Kind verkörpert und ein »Zauberling«. Der »Antennentiger« möchte mit dem »Zauberling« spielen. Ob er mit ihm jedoch in Kontakt kommt, hängt von ihm selber ab. Am Ende kann das Kind die Bilder ausmalen und aufkleben, so dass ein kleines Buch mit dieser Comicgeschichte entsteht.

Zusammenfassung

- In der Regel lernen Kinder bestimmte soziale Verhaltensweisen, die für ein funktionierendes Leben in der Gemeinschaft bedeutsam sind. Wenn diese Fähigkeiten nicht oder nicht genügend erworben werden, kommt es zu Störungen im sozialen Bereich.
- Solche Störungen können in vielfältiger Gestalt und unterschiedlicher Ausprägung auftreten. Dazu gehört insbesondere gewalttägiges und aggressives Verhalten.

Anregungen

- Diskutieren Sie das Verhalten aggressiver Vorbilder im Fernsehen und versuchen Sie die Auswirkungen auf Kinder zu beschreiben.
- Welche pädagogischen Konsequenzen ziehen Sie aus den medialen Gewaltdarstellungen?
- Besonders im Kindergarten kennt die ErzieherIn das Problem, dass am Montagmorgen die Fernseherfahrungen des Wochenendes untereinander ausgetauscht werden. Welche Reaktionen der ErzieherIn erscheinen Ihnen hier angebracht?

- Zwei 6-jährige Jungen wollen mit demselben Ball spielen. Der körperlich stärkere Junge kann den Ball an sich reißen, gibt dem anderen einen Tritt und läuft ein Stück weiter, um allein zu spielen. Der unterlegene Junge läuft zur ErzieherIn und weint. Da sagt die ErzieherIn: »...«
- Welche aggressiven Reaktionsweisen zeigen Sie selbst? Wie bauen Sie Ihre eigenen Aggressionen ab?

2.3 Sucht

Von süchtigem Verhalten spricht man, wenn ein krankhaftes, zwanghaftes Verlangen nach Stoffen oder Verhaltensweisen besteht, um unter Umgehung von »normalen« Lösungsmöglichkeiten Lustgefühle zu erreichen oder Unlustgefühle zu vermeiden. Fachleute unterscheiden zwischen psychischer und körperlicher Abhängigkeit. Nicht mehr anders zu können (Wiederholungszwang) und nicht mehr aufhören zu können (Kontrollverlust) sind zentrale Merkmale psychischer Abhängigkeit. Unter dem Begriff »Sucht« subsumieren wir heute nicht nur die Abhängigkeit von den klassischen Suchtmitteln Alkohol, Nikotin und Rauschgift (stoffgebundene Süchte), sondern zusätzlich einige erst in den letzten Jahren bekannt gewordene Probleme wie Spiel-, Kauf-, Fernseh-, Computer-, Mager-, Arbeitssucht usw. (stoffungebundene Süchte). Entwicklungspsychologische Forschungen belegen, dass die verhängnisvolle Fehlentwicklung auf dem Weg zu Sucht und Abhängigkeit in der Regel häufig schon in sehr jungen Jahren beginnt, d.h. schon im Kindergartenalter können konkrete Anzeichen für eine spätere »Suchtkarriere« vorliegen. Der Beginn des Rauchens hat sich in den letzten Jahren nach vorn verschoben und fängt heute bereits im Alter von 10 bis 12 Jahren an. 27,5 Prozent der 8- bis 10-jährigen Schüler berichteten nach Untersuchungen bereits von ersten Raucherfahrungen. Jungen bejahten dies häufiger als Mädchen (37,9 vs. 17,5 %), Kinder aus der Stadt häufiger als Kinder auf dem Land (36,3 vs. 23 %). Der Anteil der weiblichen Raucher steigt Jahr für Jahr weiter an. Das Einstiegsalter in den Alkoholismus ist nach Angaben der Deutschen Hauptstelle gegen die Suchtgefahren in den vergangenen Jahren weiter gesunken. Vielfach beginnen »Alkoholkarrieren« bereits mit zwölf Jahren. Etwa drei Millionen Kinder leiden in Deutschland nach Schätzungen des Fachverbandes Freier Einrichtungen in der Suchtarbeit unter ihren Alkohol trinkenden Eltern. Über die Präsenz und die Funktion, die der Alkohol in Familie und Gesellschaft hat, vermitteln Erwachsene schon kleinen Kindern ein Reportoire möglicher Gebrauchsmuster: Ob man z.B. Spannungen nur mit Hilfe des Alkohols erträgt, ob er bereits morgens dazugehört oder ob er ab und zu genossen wird, das lernen Kinder durch unser Vorbild. Wenn z.B. der Vater abends über seinen täglichen Frust schimpft, ihn mit Schnaps und Bier »herunterspült« und nichts mit seiner Zeit anzufangen weiß, außer vor dem Fernseher zu sitzen, ist es da verwunderlich, wenn die Kinder die Eltern nachahmen? Auf Stress in Schule oder persönlichem Umfeld reagieren viele Kinder und Jugendliche mit Suchtverhalten.

Medikamente

Nach Erkenntnissen von Psychologen und Pädagogen sind bereits Kinder im Vorschulalter suchtgefährdet. Es ist keine Seltenheit mehr, wenn schon Kinder in diesem Alter starke Abhängigkeiten zu Süßigkeiten entwickeln oder Medikamente wie Drogen einnehmen. Bereits hier wird der Grundstein dafür gelegt, dass viele Schüler den Schwierigkeiten in der Schule mit einem raschen Griff in den Pillenschrank zu begegnen versuchen. Nach Informationen des Sonderforschungsbereiches Prävention und Intervention im Kindes- und Jugendalter an der Universität Bielefeld geben 40% der Zwölfjährigen an, regelmäßig Kopfschmerztabletten einzunehmen. 8% Prozent der Zwölfjährigen greifen regelmäßig zu Beruhigungs- oder Schlafmittel und 6% nehmen Anregungs- oder Aufputschmittel. Die Bielefelder Untersuchung hat gezeigt, dass besonders die Stressbelastung für den verstärkten Arzneimittelgebrauch verantwortlich ist. Eine Untersuchung des Dortmunder »Zentrums für Bildung und Gesundheit« erbrachte folgendes Ergebnis: Obwohl 96% der repräsentativ ausgesuchten 2000 Mütter in Nordrhein-Westfalen angaben, mit der Gesundheit ihrer Kinder zufrieden zu sein, verabreichten 28,6% von ihnen ihren Kindern in einem Zeitraum von vier Wochen Mittel gegen Schnupfen und Husten, gegen Rheuma, Bronchitis, Allergien und rund 30 andere Krankheiten. Tatsächlich aber war nicht einmal die Hälfte dieser Kinder im fraglichen Zeitraum wirklich krank. Fast ein Viertel aller Kinder müssen die verabreichten Pillen, Säfte und Tabletten ohne Verordnung eines Arztes allein auf Anweisung der Eltern schlucken. Wenn ein Kind zu Hause erfährt, dass bei jedem Unwohlsein bzw. selbst bei kleinen Wehwehchen, auch bei Gefühls- oder Energieschwankungen, auf ein Medikament zurückgegriffen wird, lernt das Kind schnell, dass es für alles ein Mittel gibt, das man nur einnehmen muss. Eine Studie der Hessischen Landesregierung wies nach, dass ein Viertel aller Grundschüler Präparate einnimmt, die die Konzentration verbessern, die Leistung steigern oder das Einschlafen erleichtern sollen. Mit dem schnellen Griff zur Pille setzen viele Eltern ihre Kinder den Gefahren einer Medikamentenabhängigkeit aus.

Drogen und suchtgefährdete Kinder

Nach Angaben von Struck (1992, 116) nehmen mittlerweile in Deutschland rund 15% aller Schüler Haschisch (Etwa 2 Millionen Schüler rauchen regelmäßig Haschisch.) und zwei Prozent Kokain, während fünf Prozent – das sind vor allem 10- bis 13-jährige – schnüffeln. Kinder, oft schon vom 10. Lebensjahr an, kommen häufig über das Schnüffeln zu Drogen. Der Konsum der »weichen« Droge Haschisch ist heute kein Randgruppenphänomen mehr, sondern trotz offiziellem Verbot eine weitgehend normalisierte Möglichkeit des Rauschmittelkonsums unter vielen jungen Menschen. Diese Droge hat bei vielen Konsumenten – aber auch unter vielen Nicht-Konsumenten – die Bedeutung des Ungewöhnlichen und des Bedrohlichen verloren. Das Einstiegsalter verschiebt sich in Richtung jüngere Jahrgänge. Das Alter zwischen 12 und 14 Jahren stellt bereits die erste kritische Phase dar, in der sich Einstellungen und Verhaltensweisen gegenüber Suchtmitteln herauszubilden beginnen. Heute sind 12-jährige Schüler, die meist in der Gemeinschaft anderer den ersten Konsum von Drogen haben, keine Ausnahme mehr: »Es gibt Gymnasien in Deutschland, an denen von Jahrgang zu Jahrgang zunehmend bis zur Quote von etwa 40 Prozent regelmäßig gekifft wird« (Struck, 1992, 115).

Fernsehen, Video und Computer stehen eng mit dem Missbrauch von Medien in Verbindung. Ungefähr 20 Prozent der 6- bis 8jährigen Kinder haben einen wöchentlichen Fernseh- und Videokonsum von mehr als 40 Stunden, d.h. viele Kinder verbringen innerhalb einer Woche mehr Zeit vor dem Fernseher als im Kindergarten oder in der Schule, und viele Kinder dürfen bis Mitternacht oder bereits am frühen Morgen fernsehen. Fernsehen wird oft als Mittel genutzt, um unangenehmen Situationen wie Langeweile, Überforderung, Enttäuschung, Einsamkeit usw. auszuweichen. Fernsehen wird somit zu einem Ersatzmittel, wenn die Eltern keine Zeit oder Lust haben, etwas mit ihrem Kind zu unternehmen. Somit werden bestimmte Voraussetzungen für Suchtkrankheiten häufig schon im Kleinkindalter geschaffen, wenn der Fernseher zum »Babysitter« wird und als Ersatz für mangelnde Zuwendung dient. Drei Gruppen von suchtgefährdeten Kindern sind zu beachten:

- Kinder, die bereits deutliche spezielle Störungen aufweisen (psychosomatische Leiden, Essstörungen usw.)
- Kinder, die stark auffälliges Verhalten zeigen hinsichtlich Sozialverhalten, Stressbewältigung und dem Umgang mit Gefühlen (übermäßige Aggression, starkes Außenseiterverhalten, geringes Selbstwertgefühl, Kommunikationsdefizite usw.)
- Kinder, die aus Familien kommen, in denen ein Elternteil oder beide Elternteile suchtkrank sind oder waren.

Die Frage, was zu Suchtverhalten führt, kann nie nur mit einer Ursache beantwortet werden. Sucht ist niemals nur ein individuelles Problem, sie wird immer auch durch soziale und gesellschaftliche Einflüsse mit ausgelöst. Langzeitstudien belegen den engen Zusammenhang von kindlichen Verhaltensauffälligkeiten und späterer Suchtentwicklung. Vor allem erscheinen Jugendliche suchtgefährdet, die im Kindergartenalter durch Sprechverweigerung, überaktives Verhalten, motorische Unruhe, Impulsivität oder Aggressivität Aufmerksamkeit erregen. Der Entwicklungspsychologe R. Silbereisen vertritt die Ansicht, dass bei 10 Prozent der Jugendlichen ihr dauerhaftes Suchtverhalten bis in die frühe Kindheit zurückreicht. K. Hurrelmann bezeichnet als suchtgefährdet vor allem die Kinder, »die als besonders aggressiv oder impulsiv oder auch als besonders zurückhaltend auffallen und Schwierigkeiten haben, mit ihren eigenen Bedürfnissen und Neigungen umzugehen und sich in die Gruppe einzufügen« (1995, 22). Für die Gruppe der Drogenkonsumenten kann gesagt werden, dass diese als 7-jährige sehr unsicher wirkten, unfähig waren, tragfähige Beziehungen einzugehen und unter zahlreichen Stresssymptomen litten: »Auf einer konkreteren Ebene wird beschrieben, dass es sich hierbei um Kinder handelt, die mit Gleichaltrigen schlecht zurechtkommen, sich kaum um soziale Wertvorstellungen, wie z.B. Fairness oder die Wechselseitigkeit von Verpflichtungen, kümmern und in der Gruppe nicht selten die Rolle eines Sündenbocks oder eines Prügelknaben übernehmen. Was den Sozialkontakt betrifft, werden sie als wenig verlässlich und vertrauenswürdig beschrieben; sie gehen kaum engere, tiefgehende Beziehungen ein, bevorzugen eher nonverbale, d.h. wenig explizite Formen der Kommunikation. In ihrem Vorgehen wirken diese Kinder insgesamt eher unentschlossen und schwankend; sie sind wenig planvoll vorausschauend und zeigen sich neuen Dingen gegenüber wenig interessiert und offen. Auf der Gefühlsebene fällt auf, dass diese Kinder wenig in der Lage sind, negative Gefühle zulassen zu können. Sie entwickeln kaum Stolz auf eigene Talente und Fähigkeiten; es dominieren stattdessen Gefühle eigener Wertlosigkeit. Die Kinder werden ganz generell als wenig vital, kraftvoll und lebendig beschrieben. Was das Verhalten unter Stress betrifft, erweisen sie sich als wenig belastbar, zeigen viele körperliche Stresssymptome und können sich nach Belastungen eher schwer und langsam regenerieren« (Mayr, 1995, 7 f.).

Ursachen

Als Ursachen für den Einstieg in die Sucht nannte die Mannheimer Studie des Zentralinstituts für seelische Gesundheit eine gestörte Kindheit, wobei familiäre Belastungsfaktoren wie häufiger Streit oder Scheidung der Eltern, schlechte Wohnverhältnisse, Depression der Mutter sowie Kriminalität des Vaters besonders häufig in der Vorgeschichte der süchtigen Jugendlichen eine Rolle spielen. Diese Faktoren traten meist schon in den ersten Lebensjahren auf und begleiteten die Kinder und Jugendlichen in ihrer gesamten Entwicklungszeit.

Zusammenfassend lässt sich sagen, dass die vorgetragenen Untersuchungsergebnisse auf Zusammenhänge zur frühen Kindheit bei der Entstehung von Suchtverhalten hindeuten. Eine Suchtabhängigkeit fällt nicht plötzlich vom Himmel. Die Voraussetzungen für süchtiges Verhalten werden häufig schon im Kleinkindalter geschaffen – wenn der Fernseher zum »Babysitter« wird oder Süßigkeiten als Ersatz für mangelnde Zuwendung dienen. Die suchtfördernde Umwelt der Kinder lässt sich charakterisieren durch: leistungsorientierte Konsumgesellschaft, Hinwendung zu materiellen Zielen, wenig menschliche Wärme, mangelndes Verständnis und geringe Aufgeschlossenheit für Probleme und wenig Zeit für deren Erörterung und Klärung, alltäglicher Suchtmittelmissbrauch und Werbung (z.B. Alkohol und Nikotin). Nur das Zusammenspiel verschiedenster Faktoren und Bedingungen (Persönlichkeit, Suchtmittel und Umwelt) lässt ein süchtiges Verhalten entstehen.

Essstörungen

Essstörungen sind nach den Beobachtungen von Experten auf dem Vormarsch, auch bei Jungen und Männern, die schätzungsweise zwischen 5 und 10 Prozent der Betroffenen ausmachen. Essstörungen können sich in verschiedener Weise bemerkbar machen. Das Essen bzw. die Kontrolle der Nahrungsaufnahme wird besonders für Mädchen zum Problem. Sie essen zu viel (Fettsucht/Adipositas), sie verweigern die Nahrungsaufnahme (Magersucht/Anorexia nervosa) oder sie nehmen große Mengen an Nahrung zu sich und erbrechen die gegessenen Speisen wieder (Ess-Brech-Sucht/Bulimia nervosa). Diese Krankheitsbilder sind in erster Linie bei Mädchen in der Pubertät und bei jungen Frauen anzutreffen. Gemeinsamer Nenner dieser Essstörungen ist, dass sich das Leben der Betroffenen nahezu zwanghaft um das Essen oder das Nicht-Essen dreht. Sie sind unablässig mit der Nahrungsaufnahme und der Kontrolle ihres Essverhaltens beschäftigt. Die Gestaltung des Alltags und das subjektive Wohlbefinden werden davon abhängig gemacht. Unbeschwertes Genießen, gesunder Appetit und Hunger sind ihnen fremd. Das Essen ist vom Lebensmittel zum Lebensinhalt geworden. Nach wie vor sind von Essstörungen vor allem Frauen und Mädchen betroffen. Essstörungen sind ein Phänomen der westlichen Wohlstandsgesellschaft, denn sie haben etwas mit jenen Bedingungen zu tun, unter denen Mädchen in den Industrieländern aufwachsen und sich über ihren Körper repräsentieren. Die Ausgestaltung von Geschlechterverhältnissen und damit verbundener Körperpraktiken bildet die Basis für das Auftreten und die Diagnose von Essstörungen.

Der Schlankheitswahn erfasst immer Jüngere. Man schätzt, dass ein Viertel der Sieben- bis Zehnjährigen sowie die Hälfte der Elf- bis Zwölfjährigen schon mal eine Diät gemacht haben. Dahinter verbirgt sich häufig die Unfähigkeit, sich selbst und den eigenen Körper realistisch zu sehen. Stattdessen wird das Schlankheitsideal der Gesellschaft verinnerlicht, ins Extrem überzogen und zum persönlichen Maßstab gewählt. Essstörungen werden nicht nur immer häufiger, sie beginnen auch immer früher: Lag der »Erkrankungsgipfel« früher zwischen 15 und 18 Jahren, so sind heute zunehmend auch schon 13-jährige betroffen. Selbst noch sieben Jahre nach erfolgreicher Behandlung können Spätfolgen auftreten: frühe Osteoporose, Menstruationsstörungen, Ängste, Depressionen, Partnerschafts- und Sexualprobleme. Und es gibt eine erschreckend hohe Todesrate: 10 % der Magersüchtigen verhungern.

Die Ursachen für die Essstörungen sind nicht völlig geklärt. Die Forscher gehen von einem Geflecht an psychischen, biologischen und kulturellen Ursachen aus, wobei die genetische Disposition in der Vergangenheit möglicherweise unterschätzt wurde. Die hohe Energie, mit der Esssüchtige beharrlich alle Signale ihres Körpers (wie Hungergefühle oder auch Gefühle der Sättigung) ignorieren, verweist auf eine möglicherweise früh erworbene Missachtung von Körperempfindungen und -zuständen. In vielen Studien wird beschrieben, dass bei essgestörten Mädchen frühkindliche Unlustäußerungen besonders schnell mit Nahrungsangeboten beantwortet wurden, so dass allgemein eine enge Koppelung von Essen und Unlust entstanden sei. In den familientherapeutischen Ansätzen zur Entwicklung von Essstörungen werden über frühkindliche Erfahrungen hinaus krankmachende Strukturen in den Herkunftsfamilien der Betroffenen thematisiert. Auslösend dafür war die Beobachtung, dass Essgestörte häufig eine angespannte und konflikthafte Beziehung zu anderen Familienmitgliedern haben und ihre Familien durch spezifische Interaktionen und Dynamiken gekennzeichnet sind. Meist zeichnen sie sich durch einen losen inneren Zusammenhang und gleichzeitig hohen Erwartungsdruck aus. Untersuchungen zur Familiendynamik zeigen, dass in den Familien häufig diffuse psychologische Grenzen bestehen. Dies führt zur ritualisierten Nähe der Familienmitglieder zueinander und dazu, dass Distanzen verschwinden und damit die Autonomie der Einzelnen beeinträchtigt wird. Auf die Familien zentrierte Erklärungsansätze begreifen deshalb die Entstehung einer Essstörung als komplizierten Individuationsprozess von Jugendlichen und als Ringen um Autonomie und Selbstkontrolle vor allem im Verhältnis zur Mutter.

Äußeres Merkmal aller Esssüchtigen ist das Übergewicht. Das Essen ist keine Reaktion auf Hungergefühle, sondern eine Ersatzbefriedigung für schon früh versagte, emotionale Bedürfnisse. Übermäßiges Essen, das nicht auf einem stoffwechselbedingten Defekt beruht, steht oft im Zusammenhang mit der Tendenz, fehlende soziale Kontaktmöglichkeiten und Anerkennung durch exzessive Essensgenüsse zu kompensieren. Esssüchtig ist,

- wer etwa zwei Essanfälle pro Woche über mindestens drei Monate hat,
- wer das Gefühl hat, die Kontrolle während des Essanfalls zu verlieren,
- wer immer isst, bis er »platzt«,
- wer isst, ohne Hunger zu haben,
- wer aus Scham heimlich oder allein isst.

Fallbeispiel

Jede Sucht beginnt unbemerkt, wächst stetig, bis sie sich eines Tages nicht mehr übersehen lässt. Sie hat eine Geschichte, und diese beginnt meist in der frühen Kindheit. Das folgende Fallbeispiel beschreibt die Esssucht eines achtjährigen Mädchens.

Ilona lebt in einem Heim für verhaltensauffällige und milieugeschädigte Kinder. Laut Akte ist Ilonas Mutter mit der Erziehung ihres Kindes überfordert, das schon in der Kindertagesstätte auffälliges Verhalten und soziale Anpassungsschwierigkeiten zeigte. Ilona strebte bei den Erzieherinnen und Kindern ständig nach Bestätigung, ohne jedoch soziale Anpassung zu zeigen und echte Beziehungen zu Kindern zu entwickeln. Die Lage spitzte sich bei der Einschulung zu. Obwohl Ilona gute schulische Leistungen erbrachte, hatte sie enorme Schwierigkeiten, sich in die Klassengemeinschaft einzufügen. Sie drängte sich mit allen Mitteln in den Vordergrund, störte häufig den Unterricht und nahm anderen Kindern die Antworten vorweg. Der Klassenlehrerin gegenüber verhielt sie sich zumeist respektlos bis unverschämt und ließ sich nichts sagen. Sie wurde für die Klasse und die Klassenlehrerin zur Belastung, weshalb die Lehrerin auf einen Schulwechsel drängte. Interessanterweise fallen schon hier Zusammenhänge zwischen Ilonas Verhalten und ihrem Verhältnis zum Essen auf. Sie versuchte Freunde zu finden, indem sie Süßigkeiten verteilte. Um an diese Süßigkeiten zu gelangen, bettelte sie fremde Menschen, zumeist ältere Männer, an. Ein Vorfall ist in der Schulakte beschrieben:

Ilona hat vor Schulbeginn bei einem Gemüsehändler Tomaten gestohlen und ist dabei von Mitschülern beobachtet worden. Die Klassenlehrerin sprach deswegen Ilona an, die aber alles abstritt. Auch ein Gespräch mit dem Schulleiter verlief ergebnislos. Erst am Nachmittag gab Ilona gegenüber ihrer Mutter zu, die Tomaten genommen zu haben, weil sie Hunger gehabt hätte.

Sie brachte sich sehr schnell und lautstark in das Gruppengeschehen im Heim ein. Ilonas forderndes und bestimmtes Auftreten löste bei den anderen Kindern relativ schnell Abwehr, zum Teil auch Abneigung aus. Ilona verlangte von den Erzieherinnen volle Aufmerksamkeit und Zuwendung und entwickelte dabei eine starke Anspruchshaltung.

Ilona weist etwa ein Übergewicht von 25% auf: Sie ist 1,29 Meter groß und wiegt 43 Kilogramm. In Ilonas Leben hat das Essen, vor allem Süßigkeiten, eine zentrale Bedeutung und Funktion. Bei den drei Hauptmahlzeiten nimmt sie sich viel auf den Teller und schlingt das Essen förmlich hinunter. Sie versucht in der Küche schon vorab zu naschen und bettelt bei den Erzieherinnen häufig um Essen und Süßigkeiten. Zu Beginn ihres Heimaufenthaltes fragte Ilona häufig nach Essen: »Ich habe Hunger!

Bekomme ich etwas Süßes?« Gegenüber der Heim-Wohngruppe befindet sich ein Behindertenwohnheim. Ilona scheute sich nicht, die behinderten Bewohner um Geld für Süßigkeiten anzusprechen.
Ilona hat große Schwierigkeiten, Hunger und auch andere Körperempfindungen differenziert wahrzunehmen bzw. zu unterscheiden. Sie fühlt sich erst dann satt, wenn ihr »schlecht« wird. Sie scheint kein Gefühl zu besitzen, wann ihr Körper ihr signalisiert: »Es ist genug.« Sie ißt über die Bedürfnisse ihres Körpers hinaus und hat dabei den Maßstab für ein gesundes Maßhalten verloren. Sie spürt z.B. Hunger, wenn ihr langweilig ist und sie nichts zum Spielen weiß. Besonders wenn sie sich allein und einsam fühlt, entwickelt sie den größten Hunger. Wenn Ilona mit ihrer Mutter telefoniert und sie erfährt, dass es ihrer Mutter schlecht geht, macht sich Ilona Vorwürfe, dass sie nicht bei der Mutter sein und sie trösten kann. Nach solchen Gesprächen »braucht« Ilona dann dringend Essen, am besten Süßigkeiten.
Die Kinder der Gruppe zeigen ihr deutlich, dass sie Ilona zu fett finden und dass Dicksein Hässlichkeit bedeutet. Teilweise wird Ilona beschimpft: Das reicht von »dicke Kuh« bis »fette Votze«.

Anlaufstellen für Essgestörte sind meist Hausärzte und Beratungsstellen. Meist reicht aber eine ambulante Behandlung nicht aus, weshalb dann die Betroffenen zur stationären Behandlung in spezielle Therapieeinrichtungen bzw. Spezialkliniken gehören.

Ziele der Suchtprävention

Da sich im Kindergarten und in der Grundschule heutzutage alle 3- bis 10-jährigen aufhalten, sind beide als Frühwarnsystem für die Suchtvorsorge im Kindesalter zu sehen.

Suchtprophylaxe im Kindergarten und in der Grundschule sollte ihr Augenmerk auf Persönlichkeitsmerkmale richten, die eine Suchtentwicklung unwahrscheinlich werden lassen. Deshalb müsste Zielsetzung einer suchtvorbeugend orientierten Pädagogik der Aufbau eines stabilen, positiven Selbstwertgefühls sein. Suchtvorsorge im Kindesalter beinhaltet im wesentlichen nicht so sehr die Vermittlung von Informationen und Wissen an Kinder. Vielmehr geht es um eine

Grundhaltung der Bezugspersonen Eltern, ErzieherInnen und LehrerInnen gegenüber dem ihnen anvertrauten Kind: Kinder brauchen Liebe, Zuwendung, Vertrauen, Sicherheit, Anerkennung und Bestätigung, Freiräume, aber auch Grenzen, Orientierung, Kontakte und Eigenverantwortung. Ebenso benötigen Kinder glaubwürdige Vorbilder, denn Kinder lernen durch Nachahmung. Das gute Beispiel und die eigene Haltung der Eltern, ErzieherInnen und LehrerInnen sind als suchtpräventives Erziehungsmittel nicht zu unterschätzen. Kinder sollten auch Gefühle und Stimmungen zulassen können und lernen, sie auszudrücken und zu artikulieren.

Bilderbücher

Bilderbücher können entwicklungsfördernde Wegbegleiter durch die Kindheit sein, wenn sie wervolle Hilfe und Orientierung für die Herausbildung und Entwicklung kindlicher Ich-Stärke bieten. Als exemplarische Beispiele soll die folgende Auswahl von Bilderbüchern mit suchtvorbeugend relevanten Themen dienen:

– Dietl, Erhard: *Der tapfere Theo.* Thienemann, Stuttgart 1992
– Oram, Hiawyn/Kitamura, Satoshi: *Der wütende Willi.* Verlag an der Ruhr, Mülheim 1993
– Janisch, Heinz/Kernke, Gabriele: *Benni und die sieben Löwen.* A. Betz, Wien 1995
– Franck, Ed/Nauwelaerts, Kris: *Tim und sein Kastanienbaum.* Gerstenberg, Hildesheim 1994
– Greve, Andreas/Michl, Reinhard: *Tasso & Socke.* Oetinger, Hamburg 1995
– Cullberg, A./Dranger, J.: *Traurig.* Anrich, Kevelaer 1993
– Kasza, K.: *Ratte und Tiger.* Meisinger, München 1994
– Boie, K./Knorr, P.: *Mutter, Vater, Kind.* Oetinger, Hamburg 1994
– Gliori, D.: *Wenn ich groß bin.* Alibaba, Frankfurt a.M. 1992
– Moore, I.: *Kleiner Hase – großes Fest.* Carlsen, Hamburg 1994
– Steinbicker, M./Kempken, J.: *Lisa und ihre Stowis.* Mühlberger&Schoch, Halblech 1993

– Hartig, M.: *Paules Schwur.* Arena Taschenbuch, Würzburg 1991
– Heitz, B.: *Nur noch eine.* Carlsen , Hamburg 1994
– Klement, R.: *Hilfe! Fernsehvampire.* Jugend und Volk, Wien 1990
– Stein-Fischer, E.: *Gummibärchen & Pommes frites.* Jugend und Volk, Wien 1989

Zusammenfassung

- Sucht ist ein krankhaftes, zwanghaftes Verlangen nach Stoffen oder Verhaltensweisen, um unter Umgehung von »normalen« Möglichkeiten Lustgefühle zu erreichen oder Unlustgefühle zu vermeiden.
- Die Entstehung des Suchtverhaltens hängt von der Persönlichkeit, dem Einfluss des sozialen Umfeldes und der Verfügbarkeit von Suchtmitteln ab.
- Essstörungen (Bulimie, Ess-Sucht, Magersucht) sind längst kein Minderheitenproblem mehr, sondern haben besonders bei weiblichen Jugendlichen zugenommen.
- Suchtprävention versucht zu verhindern, dass ausweglose Situationen entstehen und unterstützt lebensfördernde Lebensbedingungen.
- Die Heilungschancen bei Suchtverhalten sind umso größer, je früher der bzw. die Betroffene in eine geeignete Therapie kommt.

Anregungen

- Was benötigt ein Kind an Lebenswichtigem, um auf seinem Lebensweg gerüstet zu sein?
- Suchtvorbeugung für Kinder ist wichtig, weil
  ....
- Bieten Sie bei einem Kindergarten- oder Schulfest den erwachsenen Besuchern einmal nur alkolholfreie Mix- und Erfrischungsgetränke an.

2.4 Psychosomatische Symptome

Hier handelt es sich um Symptome, bei denen häufig eine komplizierte Verflechtung schädigender Umwelteinflüsse, körperlicher Dispositionen sowie psychischer und sozialer Faktoren vorliegt. Implizit liegt diesen Auffälligkeiten die Annahme zugrunde, dass soziale und psychische Ursachen an der Pathogenese wesentlichen Anteil haben. Die Störungen sind so miteinander verflochten und bedingen sich gegenseitig, dass eine Reduktion auf einzelne Faktoren fast unmöglich ist. Psychisches Leid von Kindern zeigt sich vielfach in Form bestimmter körperlicher Symptome.

Als empfindsame Organe reagieren besonders Haut und Schleimhäute auf psychische Einwirkungen, womit sie zu bevorzugten Symptomträgern für psychosomatische Krankheiten, wie z.B. bei Heuschnupfen, Asthma, Ekzemen und Neurodermitis, werden. Seit 1945 ist bei diesen Krankheitsbildern eine deutliche Zunahme bei Kindern zu verzeichnen. Allergien zählen zu den weltweit häufigsten Krankheiten. Jedes vierte bis fünfte Kind im Schulalter leidet unter einer Allergie. Überempfindlichkeitsreaktionen treten heute doppelt bis dreifach so häufig wie noch vor zwanzig Jahren auf. Die Zahl der asthmakranken Kinder hat sich in den letzten Jahren mehr als verzehnfacht. Die anfallweise auftretende Atemnot gilt als häufigste chronische Erkrankung im Kindesalter; etwa 10 bis 15 Prozent der Kleinen sind nach Studien davon betroffen. Heute leiden bereits sechs Prozent aller Kinder an Nahrungsmittelallergien (z.B. gegen Kuhmilch oder Hühnerei), die in unterschiedlichen Schweregraden auftreten.

Symptome

Mehr als 300 Lebensmittel-Zusatzstoffe sind bekannt, die allergische Reaktionen auslösen können. Die Zahl der Heuschnupfen-Kranken hat sich in den vergangenen 60 Jahren verzehnfacht. In den Industrienationen erkranken immer mehr Menschen an Neurodermitis. Vor zehn Jahren war nach Angaben von Ärzten jeder 50. von der Hautkrankheit betroffen, dagegen leidet heute schon jeder zehnte daran.

Die meisten Patienten erkranken schon im Kleinkindalter. Typisch für neurodermitische Hautentzündungen ist ein extremer Juckreiz. An den entzündeten Stellen, bei Kindern häufig im Gesicht, bilden sich meist Bläschen. Die Erkrankten kratzen sich, bis es blutet. Belastend ist für die Patienten auch die Unwissenheit und damit verbunden die häufige Ablehnung von seiten der Mitmenschen. Wie eine 1995 von der Medizinischen Hochschule Hannover vorgestellte Studie zeigt, hängt die Ausbreitung dieser Hautkrankheit in starkem Maße von den sozialen Verhältnissen ab, unter denen die Kinder aufwachsen. Das überraschende Ergebnis dieser Untersuchung: An Neurodermitis erkranken vor allem Kinder bessergestellter Eltern. In den hannoverschen Villenvierteln waren zwischen 22 und 25 Prozent aller Kinder Neurodermitis-Patienten. In den Stadtteilen mit geringerer Wohnqualität, einem hohen Ausländeranteil und proletarischen Lebensverhältnissen lag die Krankheitsquote unter fünf Prozent. Das Neurodermitis-Risikon in Familien mit mehr als zwei Kindern liegt deutlich unter dem Durchschnitt: »Verstärkte häusliche soziale Kontakte können das Immunsystem stabilisieren und dadurch das Erkrankungsrisiko senken« (Frankfurter Rundschau vom 25.5.1996). Ausländische Familien, erläuterten die Wissenschaftler, lebten häufiger als deutsche in sozial benachteiligten Verhältnissen, die sich aber – vielleicht durch mehr menschliche Nähe, auch mehr Reibung, weniger Einsamkeit – offenbar günstig auf die Abwehrkräfte gegen diese Hautkrankheit auswirkten. Die Interaktion zwischen Allergie und psychischer Verfassung ist sehr komplex. Unbestritten ist inzwischen, dass sich durch eine allergische Erkrankung bestimmte Persönlichkeitsmerkmale und Verhaltensweisen herausbilden können. Doch sind sie dann Folge der Allergie und nicht deren Ursache. Das gilt nicht nur für die Betroffenen selbst, sondern insbesondere für die Eltern, vorrangig für die Mütter. Die Kinder werden nicht selten von ihnen zu sehr behütet. Dieses einengende Verhalten des Überbehütens kann dazu führen, dass solche Kinder im wahrsten Sinne des Wortes in ihrer Familie zu wenig Luft bekommen.

Viele Kinder sind durch Leistungsüberforderungen, emotional aufgeladene Situationen und Daueranspannungen in Familie, Schule und Freizeit überlastet und gestresst. Dies führt zu einer chronischen Anspannung des Organismus und zur Überschreitung des vorhandenen Kräftereservoirs, was vorzeitige Abnutzungserscheinungen an vegetativ gesteuerten Organen wie Herz, Kreislauf und Magen-Darm-System nach sich zieht. Relativ viele Kinder leiden unter Abgespanntheit, Appetitlosigkeit und Schlafstörungen. Eine Studie von Hurrelmann (1987) über das Ausmaß psychischer und gesundheitlicher Belastungen bei 12- bis 17-jährigen ergab, dass jeder Vierte dieser Altersgruppe über Kopfschmerzen, Kreuz- und Rückenschmerzen, Schwindelgefühl, Nervosität und Unruhe klagte. Bei einer zunehmenden Zahl von Kindern ist die Schlaffähigkeit mehr oder minder beeinträchtigt. Es können dabei alle Varianten und Übergänge von nur etwas erschwertem Einschlafen bis zur tiefgreifenden Schlafunfähigkeit registriert werden. Ein Dauerstrom unterschwelliger Erregungen, Reizüberflutung, hektischer Alltag, schwelende Auseinandersetzungen zwischen den Eltern und Misserfolge lassen viele Kinder nicht zur Ruhe kommen und rufen bei ihnen Schlafstörungen hervor. Viele der aufgezählten Beschwerden werden durch schulische Schwierigkeiten und drohendem Schulversagen ausgelöst. Schwierigkeiten im sozialen Bereich (Spannungen mit den Eltern, mangelnde Anerkennung im Freundeskreis sowie Probleme mit Gleichaltrigen) spielen bei der Entstehung vieler Leiden ebenfalls eine große Rolle.

Umwelteinflüsse

Es ist offensichtlich, dass zunehmend Umwelteinflüsse als Faktoren für Gesundheitsstörungen bei Kindern beachtet werden müssen. Kinder reagieren aufgrund des Wachstumsprozesses stärker auf Schadstoffeinwirkungen als Erwachsene. Das kindliche Asthma bronchiale manifestiert sich oft bereits in den ersten zwei Lebensjahren. Es wird vermutet, dass schon zu diesem frühen Zeitpunkt das erste Auftreten eines Asthma bronchiale durch Umweltallergene mitbeeinflusst wird. Schadstoffbelastungen der Luft, Passivrauchen, Belastung durch Formaldehyd sind hier als Auslöser zu nennen. Wissenschaftler der Universität Tel Aviv fanden heraus, dass Schulkinder in einer Wohngegend mit hoher Luftbelastung deutlich häufiger an Husten, Atemwegsbeschwerden und Asthma litten als in Gegenden mit niedriger Luftbelastung. Zahlreiche Belastungsquellen in der Nahrung (z.B. Beta-Strahlung auch in »gesunden« Nahrungsmitteln), in der Atemluft, in Wohn-, Kindergarten- und Schulräumen bedrohen viele Kinder. Insektizide und Fungizide, Formaldehyd, zahlreiche Lösungsmittel und auch das gefährliche Asbest – die Liste der in der Möbel- und Bauindustrie verwendeten Chemikalien ist lang. Giftige Dämpfe können aus Dämm- und Isolierstoffen ebenso wie aus Haushaltsreinigern, Desinfektionsmitteln, Klebern, Spanplatten oder Holzschutzmitteln entweichen. Unwohlsein, Müdigkeit, Kopfschmerzen und Schwindelanfälle, aber auch Konzentrations- und Antriebsschwäche, Haut- und Bindehautreizungen, Atemwegserkrankungen und Allergien können die Folge von jahrelangen Schadstoffemissionen aus Baumaterialien und Einrichtungsgegenständen sein.

Gesundheitliche Beeinträchtigungen können für Kinder ebenfalls durch hohe Ozonkonzenrationen entstehen. Als Symptome können bei erhöhten Ozonbelastungen auftreten: Reizung der oberen Atemwege und der Augen, Schmerzen beim tiefen Einatmen, Hustenreiz, trockener Hals, Mattigkeit, Kopfschmerzen, Unwohlsein, Beklemmungsgefühle, Schwindelgefühle und verminderte Leistungsfähigkeit. Kinder werden durch unnötige Lärmquellen (Straßenverkehr, Haushalt, usw.) weiter belastet. Kinder, deren Gesundheit durch Chemikalien in Baustoffen, Teppichen oder Hölzern geschädigt ist, sind in ihren ersten Lebensjahren fast ständig krank. Die Eltern konsultieren oft vergeblich Kinderärzte und Hals-Nasen-Ohren-Spezialisten. Viele Ärzte pumpen die Kinder nur mit Penicillin voll und unternehmen keinen Versuch, die möglichen Ursachen der chronischen Infektanfälligkeit aufzudecken.

Zu den wichtigsten psychosomatischen Auffälligkeiten zählen Enuresis (Einnässen) und Enkopresis (Einkoten). Die Beherrschung der Blasenfunktion ist eine Lernleistung, mit welcher das Kind frühestens im Laufes des zweiten Lebensjahres beginnen kann. Von Enuresis wird dann gesprochen, wenn Kinder am Tage (Enuresis diurna) oder in der Nacht (Enuresis nocturna) noch unwillentlich bzw. unwillkürlich einnässen. Die nicht vorhandene Blasenkontrolle ist im Verhältnis zum Alter und zum geistigen Entwicklungsstand des betroffenen Kindes zu betrachten. Erst wenn ein Kind auch noch nach ca. 3 bis 4 Jahren einnässt, kann man von einer Störung sprechen. Man unterscheidet zwischen einer primären Enuresis, bei der noch keine andauernde Kontinenz entwickelt wurde und einer sekundären Enuresis, bei der eine längere »Trockenzeit« bereits erreicht wurde, sich aber ein Rückfall einstellt. Die häufigste und bekannteste Form der Enuresis ist das Bettnässen. Genaue statistische Daten über kindliche Enuretiker liegen kaum vor. Steinhausen (2000, 120) gibt an, dass im Alter von sieben Jahren noch sieben Prozent einnässen. Beim Einnässen handelt es sich meist um eine Entwicklungs- und Reifungsverzögerung, was besonders für das häufige nächtliche Einnässen zutrifft.

Reinlichkeitserziehung

Der Entwicklungsprozess der Reinlichkeitserziehung kann auf verschiedenen Stufen, in verschiedenem Grade und durch verschiedene beteiligte Ursachen beeinträchtigt werden. Es ist davon auszugehen, dass in einigen Fällen erbliche Faktoren eine wichtige Rolle spielen. Einnässen am Tage kann auch auf organische Komponenten zurückgeführt werden, wenn eine mangelnde Stabilität des Muskels, der für die Blasenöffnung verantwortlich ist, nachgewiesen werden kann. Meist aber wird angenommen, dass Enuresis eine überwiegend psychische Ursache hat. Wo ein Kleinkind sich selbst überlassen bleibt und keine der für jeden Lernprozess notwendigen Bindungen eingehen kann, wird es mit der Reinlichkeitserziehung im Rückstand bleiben. Da anhaltende psychische Belastungen unweigerlich Dauerspannungen im vegetativen Nervensystem hervorrufen, können alle Formen kindlicher Konflikte (z.B. Überforderung, Eifersucht auf ein jüngeres Geschwister, fehlende Zuwendung) zur Enuresis führen bzw. den Erwerb der Kontrolle über die Blasenfunktion hinauszögern. Enuresis kann auch als Folge einer kurzen Trennung von den Eltern (Erholungsaufenthalt, Ferien bei Verwandten) bzw. als Folge eines Wechsels in eine andere Umgebung (z.B. Kindergarten) auftreten. Pedantische bzw. ehrgeizige Eltern können durch übertriebene Strenge und forcierte Reinlichkeitsdressur ebenfalls Enuresis hervorrufen. Vorbeugung und Behandlung von Enuresis müssen an folgenden Punkten ausgerichtet sein: Vermeidung von Reinlichkeitsdressur und Überforderung, von Verwöhnung, von unangemessenen Bestrafungen, Förderung der kindlichen Selbständigkeit, Zuwendung und Verständnis für kindliche Bedürfnisse.

Hilfen

Bei der Reinlichkeitserziehung ist zu beachten, dass das Kind frühestens ab 18 Monaten in der Lage ist, die an der Kontrolle der Ausscheidungsvorgänge beteiligte Willkürmotorik zu beherrschen. Eine wichtige Bedingung für eine unproblematisch ablaufende Reinlichkeitserziehung ist eine positive Eltern-Kind-Beziehung. Außerdem sollte das erwünschte Verhalten des Kindes (z.B. Sitzen auf dem Topf) in kleinen Schritten verstärkt werden (Lob, Zuneigung).

Nässt ein Kind im vierten oder fünften Lebensjahr nachts oder untertags mehr oder weniger regelmäßig ein, so ist dies für viele beunruhigte Eltern ein Anlass, sich fachkundigen Rat bei ihrer Haus- oder KinderärztIn oder einer Beratungsstelle zu holen. Als relativ wirksam haben sich beim Einnässen verhaltenstherapeutische Behandlungen ergeben. Die Verhaltenstherapie bedient sich dabei verschiedener Weckapparate bei nächtlichem Einnässen, aber auch spezieller Trainingsverfahren (z.B. Blasentraining, Anwendung von Verstärkern). Als unwirksam hat sich erwiesen, dem Kind abends nichts mehr zu trinken zu geben. Einmal braucht der Körper eine gewisse Flüssigkeit und zum anderen belastet dieses Verbot die Eltern-Kind-Beziehung. Zudem wird dieses Verbot häufig übertreten, wenn die durstigen Kinder dann Leitungswasser trinken.

Der Begriff Enkopresis bezeichnet die wiederholte unwillkürliche Stuhlentleerung nach dem Alter von ca. drei Jahren. Diese Störung ist weit weniger verbreitet als die Enuresis. Die Ursachen der Enkopresis ähneln den Entstehungsbedingungen der Enuresis. Psychologische Faktoren wie z.B. eine gestörte Eltern-Kind-Beziehung oder eine starre Reinlichkeitserziehung können hier ebenfalls zur Entstehung dieser Problematik beitragen. Auslöser der Enkopresis können auch Trennungserfahrungen, Übergangsphasen der Entwicklung mit neuen Anforderungen oder emotionale Krisen sein. Hilfreich sind intensive therapeutische Maßnahmen wie Verhaltenstherapie mit einem Sauberkeitstraining, Spieltherapie sowie Eltern- und Familienarbeit.

Zusammenfassung

- Unter psychosomatischen Symptomen werden organische Funktionsstörungen oder Krankheiten verstanden, deren primäre Entstehungsursachen im psychischen Bereich liegen. Dem Begriff psychosomatisch liegt die Annahme zugrunde, dass psychische Faktoren an der Verursachung der Symptome einen wesentlichen Anteil haben.
- Zu den wichtigsten psychosomatischen Auffälligkeiten zählen Schlafstörungen, Kopfschmerzen, Magen- und Darmbeschwerden, Asthma, Neurodermitis, Einnässen und Einkoten.
- Für eine Behandlung psychosomatischer Symptome können Entspannungstechniken (z.B. Erlernen des autogenen Trainings) und die Durchführung einer Verhaltenstherapie hilfreich sein.

Anregungen

- Beobachten Sie Ihre körperlichen Reaktionen (Herzschlag, Atem, Schweiß usw.), wenn Sie unter Stress stehen.
- Überlegen Sie, wie Sie Stress sinnvoll abbauen können.

2.5 Wahrnehmungsstörungen

Handlungen des Kindes führen zu Erfahrungen, die die Differenzierung seiner Wahrnehmungsfähigkeit verbessern können. Schon einfache Tätigkeiten benötigen den Einsatz und die Koordination mehrerer Sinne. Möchte ein Säugling z.B. nach etwas greifen, muss er den Gegenstand mit den Augen fixieren und diesen vom Hintergrund abheben können. Sobald das Baby den Gegenstand berührt hat, erfährt es dies über den Tastsinn. Durch den Hörsinn nimmt es das Geräusch des

Gegenstandes wahr und berührt ihn erneut. Mit dem Mund erkundet das Kind die Oberfläche und die Form des Gegenstandes. Wahrnehmung und Bewegung bilden somit eine untrennbare Einheit, denn in ihrer Verbindung helfen sie dem Kind, sich seine Umwelt anzueignen und ebenso auf sie einzuwirken. Die Wahrnehmungsfähigkeit eines Kindes ist von der Intaktheit der Sinnesorgane abhängig. Wahrnehmungsstörungen betreffen jedoch auch den Prozess der Reizverarbeitung im Gehirn und können trotz voller Funktionsfähigkeit der Sinnesorgane auftreten. Deshalb sind Störungen der Wahrnehmungsfähigkeit oft nicht allein mit einer Brille oder einem Hörgeräte zu beheben. Viele Kinder haben Teilleistungsschwächen, wie z.B. Wahrnehmungsstörungen, die oft lange Zeit unentdeckt bleiben. Meist werden diese Auffälligkeiten erkannt, wenn das Kind die Schule besucht. Die betroffenen Kinder können sehen, hören, tasten usw. Jedoch sind sie nicht fähig, die aufgenommenen Reize angemessen zu verarbeiten. So bleiben Informationen, die ihnen von den Sinnesorganen übermittelt werden, ungenau und wirr. Dies kommt daher, dass die sensorische Weiterleitung zu den Wahrnehmungs- und Vorstellungsfeldern der Hirnrinde gestört ist. Bevor die Bahnen der Sehnerven oder Gehörnerven die optischen bzw. akustischen Erinnerungszentren erreichen, müssen sie die verschiedenen Zwischenstationen und Schaltstellen durchlaufen. Auf diesem Wege verzweigen sich die Nervenstränge in immer feinere Nervenbahnen. Gestörte Hirnzelleinheiten führen hier möglicherweise zu Blockaden in der Weiterleitung.

Probleme bei der Reizverarbeitung

Der Prozess der Reizverarbeitung funktioniert bei diesen Kindern nur unzulänglich, wie die folgenden Beispiele zeigen:

- Die Kinder lauschen gespannt dem Verlauf einer Geschichte. Draußen singen schon die ersten Vögel und im Flur hört man einige Kinder spielen. Kevin steht auf, sieht zum Fenster hinaus und will nachsehen, was im Flur geschieht.
- Nadine schüttet sich zum wiederholten Male Tee ein – immer daneben. Beim Wegwischen kippt sie auch die Tasse des Tischnach-

barn um: »Mensch, pass doch auf, Nadine!« schimpft Thomas verärgert.

Ob man richtig wahrnehmen kann, ist nicht nur alleine von den Sinnesorganen abhängig, sondern auch von dem Prozess der Reizverarbeitung. Wenn dieser nicht richtig funktioniert, ist die Wahrnehmung gestört. Deshalb kann man diese Art von Störungen in der Wahrnehmungsfähigkeit nicht einfach mit einer Brille oder einem Hörgerät beheben: »Die betroffenen Kinder können sehen, hören, tasten etc., sie sind jedoch nicht fähig, die aufgenommenen Reize richtig zu verarbeiten. Die Informationen, die ihnen von den Sinnesorganen übermittelt werden, bleiben ungenau und diffus« (Zimmer, 1995, 157).

Folgende Wahrnehmungsstörungen können unterschieden werden:

Visuelle Störungen

Visuell wahrnehmungsgestörten Kindern fällt es schwer, Gesehenes wiederzuerkennen und einen Gegenstand von anderen zu unterscheiden. Die betroffenen Kinder haben Probleme damit, Figuren getrennt vor einem unruhigen Hintergrund zu erfassen. Sie weisen eine verminderte Fähigkeit auf, die Signalwirkung eines optischen Eindrucks zu erkennen und angemessene Handlungsmuster folgen zu lassen. Dadurch kann es zu Fehleinschätzungen gefährlicher Situationen kommen, oder das Kind kann nicht richtig einordnen, was es sieht. Das Kind kann außerdem das Gesehene nicht richtig interpretieren und reagiert deshalb unangemessen. Diese Kinder machen in der Schule bei Abschriften viele Fehler.

Akustische Wahrnehmungsstörungen

Diese Auffälligkeit ähnelt den visuellen Störungen: Das Kind hört zwar die Sprachklänge, kann sie aber schlechter als andere Kinder differenzieren und verwechselt deshalb ähnliche Klangbilder leichter.

Taktile Wahrnehmungsstörungen

Bei der taktilen Wahrnehmung kann zwischen einer Über- und einer Unterfunktion des Tastsinns unterschieden werden. Kinder mit einer Überempfindlichkeit des Tastsinns empfinden taktile Reize oft als unangenehm und reagieren darauf mit Abwehrverhalten, Vermeidung oder Flucht. Einige Kinder zeigen auch Überempfindlichkeit gegenüber Kleidung, die sie als kratzend und juckend wahrnehmen. Manche Kinder gehen auch nicht gerne barfuß im Gras oder Sand. Eher unangenehm scheint für diese Kinder auch der Umgang mit Kleister, Fingerfarben oder Matsch zu sein. Genau umgekehrt verhalten sich Kinder mit einer herabgesetzten Berührungsempfindlichkeit. Leichte taktile Empfindungen werden kaum wahrgenommen. Damit diese Impulse im Gehirn ankommen, benötigen diese Kinder sehr starke und intensive Reize. Oft zeigen die Kinder beim Hinfallen oder Anstoßen keine Reaktionen und empfinden dabei keinen Schmerz.

Kinästhetische Wahrnehmungsstörungen

Bei einer Störung im kinästhetischen Wahrnehmungsbereich haben die Kinder meist einen ungenügend entwickelten Bewegungs- und Lagesinn. Dies kommt daher, weil die Informationen über die Spannung und Lageveränderung der Muskeln und Gelenke ungenau im Gehirn verarbeitet wird. Die Folge davon ist, dass das Körpergefühl und -schema der Kinder wenig ausgeprägt ist. Bei einigen Kindern fällt z.B. auf, dass sie sich mit geschlossenen Augen nur schlecht am eigenen Körper orientieren können. Die Orientierung am eigenen Körper funktioniert dann nur, wenn das visuelle System zu Hilfe genommen wird.

Vestibuläre Wahrnehmungsstörungen

Gleichgewichtsprobleme sind in erster Linie Störungen im vestibulären Bereich. Auch hier kann es zu einer Über- und Unterfunktion kommen. Bei einer vestibulären Überempfindlichkeit werden die Kinder von jeder noch so leichten Beanspruchung ihres Gleichgewichtssystems verunsichert. Sie vermeiden es deshalb zu schaukeln, zu klettern und zu balancieren. Auch neigen sie zu Schwindelgefühlen und Übelkeit bei Drehbewegungen. Aus diesem Grund meiden diese Kinder oft Bewegungsspiele und auch Geräte auf dem Spielplatz. Dies kann auch eine allgemeine motorische Unsicherheit und Ungeschicklichkeit unterstützen. Häufig beobachtbare Verhaltensweisen von Kindern mit vestibulärer Überempfindlichkeit sind außerdem:

- Das Kind reagiert heftig, wenn es zufällig angestoßen wird.
- Es fragt sehr oft nach, wenn es angesprochen wird und vergißt leicht wieder.
- Spiel- und Turngeräte auf dem Spielplatz werden meist nicht freiwillig benutzt.
- Das Kind geht und läuft sehr oft auf Zehenspitzen und stellt die Arme dabei in »Henkelstellung« oder macht Ruderbewegungen.

Häufig beobachtbare Verhaltensweisen bei Kindern mit vestibulärer Unterempfindlichkeit sind:

- Die Kinder verwechseln oft rechts mit links und sie haben Schwierigkeiten in der Raumvorstellung.
- Sie lieben Aktivitäten, bei denen sie den Gleichgewichtssinn intensiv reizen können (z.B. schnelle Drehbewegungen, Schaukeln und Wippen, Karussell fahren usw.). Dabei haben sie scheinbar vor nichts Angst und können Gefahren meist nicht voraussehen.
- In einer Reihe stehen, ohne andere Kinder anzustoßen, ist fast nicht möglich.

Wahrnehmungsstörungen im Bereich der Körperorientierung

Eine wenig differenzierte Wahrnehmung des eigenen Körpers ist die Ursache für ein unvollständiges Körperbewusstsein und Körperschema. Das Körperbewusstsein entwickelt sich auf der Grundlage der sensorischen und motorischen Funktionen. Vor allem spielt die Zusammenarbeit von Hautsinn, Gleichgewichtssinn, Muskel- und Stellungssinn eine große Rolle.

Häufig auftretende Verhaltensweisen von Kindern mit Körperorientierungsstörungen sind:

- Werfen, Fangen und Zielen mit dem Ball bereiten große Schwierigkeiten.
- Das Kind stößt oft durch ungeschickte Bewegungen ein gerade beendetes »Bauwerk« um.

Auswirkungen

Bereits Teilstörungen der einzelnen Wahrnehmungssysteme wirken sich bei Kindern auf die Fähigkeit aus, Anforderungen der Umwelt gerecht zu werden. Deshalb können sich Wahrnehmungsstörungen in der Schule auch zu Lernstörungen entwickeln. Die Fähigkeit sinnliche Wahrnehmungen in der richtigen Weise miteinander zu verbinden gilt als Voraussetzung, dass Kinder überhaupt komplexere Dinge, wie z.B. schreiben oder rechnen, lernen können. Viele der betroffenen Kinder lernen nur sehr langsam und haben Probleme, sich auf Neues, wie auf ungewohnte Situationen einzustellen und diese zu verarbeiten. Viele Kinder mit Wahrnehmungsstörungen ecken in ihrer sozialen Umgebung an. Andere Kinder, LehrerInnen oder ErzieherInnen halten die Kinder häufig für unkonzentriert, ungeschickt und tolpatschig, weil sie Gegenstände umstoßen oder fallen lassen, andere anrempeln oder selbst hinfallen. Die Kinder fühlen sich oft abgelehnt, unverstanden und wissen nicht warum. Deshalb ziehen sie sich selbst von anderen zurück, trauen sich immer weniger zu, werden ängstlich und spielen oft nur mit jüngeren Kindern. Ebenso sind die betroffenen Kinder leicht verletzbar und überempfindlich. Manche Kinder reagieren auch mit Aggressionen, um ihre Unsicherheit zu überspielen und meiden jedes Spiel, in dem sie Misserfolg haben könnten. Das Selbstwertgefühl dieser Kinder ist erheblich angeschlagen. So kann aus einer Wahrnehmungsstörung auch eine Verhaltensstörung werden:

- Das Kind merkt, dass es den Anforderungen der Eltern nicht genügt, weiß aber nicht warum.
- Es kommt mit sich selbst nicht zurecht.

- Angst und Unsicherheit entstehen.
- Das Kind hat Angst vor dem Klettern und Rutschen.
- Es will nicht Radfahren.
- Seine Sprache ist verzögert.
- Es wird ausgelacht.
- Es findet keinen Freund.
- Es verkriecht sich oder schlägt zu.
- Sein Selbstvertrauen sinkt.
- Es wird getadelt, weil es ja »richtig« aber auf »falsche« oder »unvollständige« Informationen reagiert.
- Die Mutter-Kind-Beziehung leidet:
  Kind: »Nie kann ich ihr etwas recht machen.«
  »Sie mag mich eben nicht.«
  Mutter: »Warum machst du alles absichtlich kaputt?«
  »Warum suchst du immer Streit?«
  »Warum kannst du nicht so viel wie die anderen?«
- In der Schule sind noch größere Konflikte vorprogrammiert.

Allgemein kann gesagt werden, dass Ursachen von Wahrnehmungsstörungen nicht eindeutig belegt werden können. Sie können organisch aber auch umweltbedingt sein. Zu den umweltbedingten Ursachen werden gezählt:

- Ein Mangel an Entwicklungsreizen (z.B. wenn Kinder in einer Umgebung aufwachsen, die ihnen keine körpernahen Wahrnehmungen oder sensorische Erfahrungen bietet, die Bewegungsmöglichkeiten zu sehr einschränkt und Körperkontakte verbietet. Dazu gehören auch psychische Vernachlässigung und Überbehütung des Kindes.)
- Reizeinflüsse, die unausgewogen sind und durch die es in bestimmten Bereichen zu einer Unterversorgung und in anderen zu einer Überstimulierung kommt, z.B. Mangel an körpernahen Erfahrungen oder Reizüberflutung mit optischen und akustischen Informationen.

Zu den organischen Ursachen zählen Hirnfunktionsstörungen, die die Arbeitsweise des Gehirns betreffen. Man kann je nach dem Zeitpunkt, der für die Beeinträchtigung verantwortlich ist, zwischen folgenden Ursachen unterscheiden:

- *Pränatale Ursache*
  Die Beeinträchtigungen erfolgen vor der Geburt, z.B. Stoffe wie Alkohol, Medikamente, Nikotin, Drogen, Strahlenschädigungen oder durch Infektionen der Mutter während der Schwangerschaft.
- *Perinatale Ursache*
  Hier handelt es sich um Schwierigkeiten während der Geburt, wie z.B. Nabelschnurumschlingungen, Unterversorgung mit Sauerstoff und Zangengeburten.
- *Postnatale Ursache*
  Die Beeeinträchtigungen treten in der frühen Kindheit auf, z.B. durch entzündliche fieberhafte Erkrankungen, die Auswirkungen auf die Gehirnnerven betreffende Funktionen haben.

Auf die Entwicklung des Kindes muss sich nicht jedes dieser Ereignisse schädigend auswirken. Oft kommt es jedoch zu einer Kombination mehrerer Risikofaktoren, die dann zusammen mit ungünstigen Lebensbedingungen zur Anhäufung der negativen Einflüsse führt.

Hilfen bei Wahrnehmungsstörungen

- Sehr wichtig ist das frühzeitige Untersuchen der Kinder bezüglich der Funktionsfähigkeit ihrer Sinnesorgane.
- Die Kinder sollten durch natürliche Spielsituationen und durch Alltagssituationen in ihrer Wahrnehmung gefördert werden: Der Geruch und der Geschmack des Essens, die Pflege von Pflanzen (umtopfen, gießen, abstauben), der Spaziergang (Wind, Regen und Sonne spüren, das Erleben von Wettereinflüssen, den Bach rauschen hören), das Anlegen eines Gartens, das Spülen des Geschirrs usw.
- Die Kinder sollten auch durch verschiedene vorbereitete und angeleitete Spielmaterialien und Übungen in ihrer Wahrnehmung gefördert und sensibilisiert werden:
  - Kim-Spiele,
  - Hör-, Tast- und Geruchsmemory,
  - Geräuschen lauschen, sie benennen und nachahmen,

– Blindenführer (Ein Kind führt ein anderes Kind, das die Augen geschlossen hat.),
– Farbenmemory,
– Pedalo zur Förderung der Motorik und Wahrnehmung,
– Massage.

Sinneswahrnehmung kann in allen Bereichen des kindlichen Tuns erfolgen, da Kinder immer wieder etwas neu entdecken, erfahren und ausprobieren. Die Sinne werden dadurch ständig gefördert, auch wenn wir uns dessen nicht immer bewusst sind. Die Förderung der Wahrnehmung sollte nicht mit einem starren Lernprogramm praktiziert werden, sondern mit spielerischen Aufgabenstellungen sollte das Kind zur Mitarbeit motiviert werden.

Wahrnehmungsstörungen können zusätzlich durch gezielte Fördermaßnahmen im Rahmen von verschiedenen Therapien behandelt werden. So führen z.B. die Motopädin bzw. der Motopäde Übungen mit Kindern durch, deren Wahrnehmungs- und Bewegungsvermögen gestört ist. Dabei übernehmen sie Tätigkeiten in der Diagnostik, Planung und Durchführung der Therapie. Ähnliche Ziele verfolgt auch die Ergotherapie, denn sie legt großen Wert auf die Schulung der motorischen, sensorischen und geistigen Funktionen bei einem zu therapierenden Kind. Um eine erfolgreiche Behandlung zu erzielen, ist bei allen Therapien eine gute Zusammenarbeit mit den Eltern und anderen beteiligten Personen (ErzieherInnen, LehrerInnen, ÄrztInnen, PsychologInnen usw.) notwendig.

Zusammenfassung

- Wahrnehmungsstörungen liegen dann vor, wenn die Wahrnehmungsfähigkeit eines Menschen eingeschränkt ist. Probleme können sowohl bei der Aufnahme und Weiterleitung der Reize als auch bei der Verarbeitung auftreten. Im Einzelnen kann es sich dabei um visuelle, akustische, taktile und kinästhetische Störungen sowie um Probleme im Bereich des Gleichgewichtssinnes und der Körperorientierung handeln.

- Die Ursachen dieser Störungen können organisch (z.B. Infektionen der Mutter während der Schwangerschaft) aber auch umweltbedingt (z.B. Mangel an Entwicklungsreizen) sein.
- Sehr wichtig ist das frühzeitige Untersuchen der Kinder auf die Funktionsfähigkeit ihrer Sinnesorgane.
- Wahrnehmungsstörungen können durch gezielte Förderung im Rahmen von verschiedenen Therapien (z.B. Motopädie, Ergotherapie) behandelt werden.

Anregungen

- Stellen Sie Spiele zusammen, die die Körpergeschicklichkeit und den Gleichgewichtssinn schulen.
- Lassen Sie Kinder auf Gras, Sand oder Stein barfußgehen.
- Verbinden Sie Ihre Augen und versuchen Sie Gegenstände zu ertasten.
- Gehen Sie hinaus und versuchen Sie über Ihr Gehör Geräusche zu identifizieren.
- Bilden Sie ein Paar und fassen Sie sich an den Händen. Einer führt den anderen, dessen Augen verbunden sind, durch den Raum.

2.6 Legasthenie

»Unser Frank macht so viele Fehler im Diktat und dabei habe ich so viel mit ihm geübt. Aber immer bekommt er die Note sechs. Wir können das gar nicht verstehen, der ist doch im Rechnen nicht schlecht. Vom Lesen hält er überhaupt nichts. Am liebsten will er den ganzen Tag spielen und fernsehen. Wir haben schon vieles versucht, aber es hilft ja alles nichts.«

Es handelt sich hier um ein Beispiel klagender Eltern eines lese- und rechtschreibschwachen Schulkindes. 20 bis 30 Prozent aller Kinder leiden an einer Form von Teilleistungsstörungen, d.h. die Kinder versagen nur in einzelnen Leistungsbereichen. Die Legasthenie (LRS) gehört als spezifische Lernstörung zu den schulischen Problemen von ca. zwei bis acht Prozent der Schulkinder. Jungen sind drei bis vier Mal häufiger als Mädchen von der Lese- und Rechtschreibschwäche betroffen. In Anlehnung an Linder (1962) versteht man unter LRS eine spezielle, aus dem Rahmen der übrigen Leistungen fallende Schwäche im Erlernen des Lesens und der selbständigen fehlerfreien Rechtschreibung. Wir sprechen nur von Legasthenie, wenn ein Kind von ungefähr normaler Intelligenz das Lesen und Schreiben nicht oder nur mit der größten Anstrengung erlernen kann, während in den anderen Schulfächern keine auffallende Probleme vorhanden sind. Die LRS weist folgende spezielle Merkmale auf:

- Erschwerte Merkfähigkeit der einzelnen Laute und Wortbilder, z.B. bei Dehnungen, Kürzungen, Groß- und Kleinschreibung.
- Tendenz zu Umstellungen von Buchstaben und Silben, wie z.B. am – ma, ei – ie, sie – sei, Eimer – Iemer, Lied – lieb, Brot – Bort, Leid – Lied.
- Bei der Rechtschreibung tauchen Umkehrungen von Buchstaben auf, wie d – b, g – p.
- Auslassen von Buchstaben und Wörtern beim Diktat.
- Langsames Lesetempo.
- Verwechslung von Zwielauten, wie au – eu, eu – ö, ei – eu.
- Erschwertes Zusammenfassen von Buchstaben zu ganzen Wörtern.
- Hörschwierigkeiten beim Unterscheiden ähnlicher Laute.

LRS tritt ab dem Schulbesuch auf, weshalb in der Regel erst LehrerInnen diese Störung feststellen, wie z.B. der nachfolgende kurze Text belegt:

Das Kib it kopk, Ihr Leute seit leut, Ansfeimeil Kibemilsch snkeilnes Kopf ntut inhi, Schmrzen lat em nit Snh (Ihr Leute seid nun still, weil mein Kindlein schlafen will, sein Köpfchen tut ihm weh, Schmerzen hat es in der Zeh.).

Zur weiteren Diagnose werden psychologische Tests zur Erfassung von Lese- und Rechtschreibfertigkeiten herangezogen, wie z.B. der Ausschnitt aus einem Rechtschreibtext zeigt. Bei diesem Diktat wird jeweils ein ganzer Satz vorgelesen und das Kind soll das fehlende Wort in den Text einfügen:

- Der Pfeil **sies** (zischt) durch die Luft.
- Wir lesen einen **schtroch** (Spruch) an der Tafel.
- Karin **treimt** (träumt) von den Ferien.
- Das Schwein grunzt im **schtal** (Stall).
- Wir **fluken** (pflücken) Obst.
- Im Park wachsen **streuer** (Sträucher).
- Mutti ist **duner** (dünner) als Vati.
- Wer nicht wagt, der nicht **gewint** (gewinnt).
- Wir **öfnen** (öffnen) die Tür.
- Mein Magen **kurt** (knurrt).

LRS weist meist vielfältige Begleitsymptome auf, wie Konzentrationsstörungen, langsames Arbeitstempo, schnelle Ermüdung und Angst. Viele Legastheniker haben über Jahre ein Übermaß an Pauken, Misserfolgen und eventuell auch Strafen ertragen müssen. Hierdurch sind viele Ängste und Unsicherheiten entstanden. Besonders die Hausaufgaben sind häufig eine Quelle von Spannungen, was z.T. auf falsches Verhalten der Eltern zurückzuführen ist. Äußerungen wie z.B. »Wie kann man nur so dumme Fehler machen?« beeinflussen sowohl das Selbstwertgefühl des Kindes als auch die Beziehung zwischen Kind und meist der Mutter negativ. Legastheniker haben wegen ihrer mangelnden Leistungen im Fach Deutsch nicht nur ständig schlechte Noten, sondern sie werden oft auch zum Außenseiter bei ihren Mitschülern und ihren Lehrern abgestempelt. Es ist deshalb kein Wunder, daß der Legastheniker die Lust an der Schule und an den schulischen Leistungsanforderungen verliert.

Die Ursachen der Legasthenie sind bis heute nicht völlig geklärt. Es ist davon auszugehen, dass bei der Entstehung von LRS mehrere Faktoren verantwortlich sind:

- *Erbliche Ursachen* (ungenügende Lautwahrnehmung mit der Folge einer Schwäche beim Zusammenfügen von Lauten).
- *Neuropsychologische Funktionseinschränkungen* (gestörte sprachliche Informationsverarbeitung, Artikulationsstörung sowie ein gestörtes Schriftbild im Zusammenhang mit einer Gedächtnisschwäche, Störungen der Worterkennung und Verarbeitung im Leseprozess).

- *Psychosoziale Faktoren* (Mangel an Förderung, vernachlässigendes Milieu, wenig positive Unterrichtserfahrungen).

Praktische Hilfe für den Legastheniker

- An jeder Schule sollte sich mindestens eine LehrerIn mit dem Legasthenieproblem auskennen und in Kooperation mit dem Kollegium Möglichkeiten zur Förderung legasthenischer Kinder ausarbeiten. Dazu gehört z.B. die Einrichtung von speziellen Förderstunden bzw. -kursen. Schulkinder mit LRS sollten verstärkt zu mündlichen Leistungen herangezogen und darin bewertet werden. In Erwägung sollte auch die Notenbefreiung für Lesen, Schreiben und Diktat gezogen werden.
- Förderung der Sinnesfunktionen durch Wahrnehmungsspiele und -übungen
- Wortspiele, wie z.B. Buchstabenlotto, Scrabble, »Buchstabensalat« usw. Gedichte und Reime.
- Konzentrationsübungen, wie z.B. Memory, Konzentrationslotto »Schau genau« usw..
- Wenn Eltern mit dem Kind zu Hause Lesen und Schreiben üben, sollten folgende Grundregeln beachtet werden:
  - Immer nur kurze Übungen (Es ist besser, mehrmals wenige Minuten zu üben als einmal eine halbe Stunde.)
  - Immer leicht unterfordern.

  Die Texte, mit denen geübt wird, müssen für das Kind so leicht sein, dass es weniger Fehler machen kann.
  - Immer für eine entspannte Atmosphäre sorgen.
  - Eltern sollten nur dann mit ihrem Kind üben, wenn sie selbst nicht gestresst und nervös sind. Jede Spannung verhindert den Erfolg. Deshalb ist es besser, Übungen ausfallen zu lassen als sie gereizt durchzuführen.
  - Mit Kritik behutsam umgehen. Wenn notwendig, sollten die Eltern eine sachliche Korrektur geben. Wenn ein Kind »diehr« statt »dir« schreibt, sollte man etwa sagen: »Das ist zwar ein langes i, da hast du recht, aber das Wort dir schreibt man einfach nur mit i.«

- Um das Selbstwertgefühl des legasthenischen Kindes zu stärken, sollte bei dem angesetzt werden, was die Kinder gut oder am besten können, z.B. Schwimmen, Werken, Malen usw..
- Konkrete Hilfen für Eltern legasthenischer Kinder bietet auch der Bundesverband Legasthenie e.V. Deutschland, Königstraße 32, 30175 Hamburg, z.B. durch Herausgabe eines Mitteilungsblattes und durch Beratung und Initiativen in allen mit der Legasthenie zusammenhängenden Fragen.

Zusammenfassung

- Mit Legasthenie werden Schwierigkeiten im Erlernen des Lesens und Schreibens bezeichnet, wenn mindestens eine durchschnittliche Intelligenz vorhanden ist.
- Die Ursachen sind bis heute nicht völlig geklärt. Vermutlich sind mehrere Faktoren (erbliche Ursachen, neuropsychologische Funktionseinschränkungen und psychosoziale Ursachen) für eine Entstehung verantwortlich.

Anregungen

- Überprüfen Sie Ihre eigenen Fähigkeiten im Lesen und im Schreiben. Lassen Sie sich einmal ein Diktat diktieren, und lesen Sie laut eine Textseite in einem Buch.
- Beobachten Sie Lese- und Rechtschreibeleistungen bei Grundschulkindern.

2.7 ADS

»Unüberlegt und ständig in Bewegung«, »Leben mit Vollgas im Hier und Jetzt«, »Zappelphilipp braucht Hilfe« usw. lauten die Schlagzeilen, wenn von unaufmerksamen, überaktiven und unruhigen Kindern berichtet wird. Die im Volksmund mit Zappelphilipp beschriebene Auffälligkeit wird inzwischen in der Fachliteratur mit einer Vielfalt von Begriffen bezeichnet. ADS (Aufmerksamkeits-Defizit-Syndrom), ADHS (Aufmerksamkeits-Defizit-Hyperaktivitätsstörung), HKS (Hyperkinetisches Syndrom), Hyperaktivität, Hypermotorik und MCD (minimale zerebrale Dysfunktion) sind verschiedene aber auch verwandte Fachbegriffe, die in der heutigen Diskussion und in der Praxis benutzt werden. Die Häufung der Termini erschwert aufgrund ungenauer Abgrenzungen und unklarer Definitionen die Verständigung über das Thema. Im folgenden wird die Problematik von Kindern mit ADS im Mittelpunkt stehen. Man gewinnt den Eindruck, dass immer mehr Kinder unter dieser uneindeutigen und schwer fassbaren Symptomatik leiden und sich diese Krankheit in den westlichen Industrieländern epidemisch auszubreiten scheint. Allein in Deutschland sollen ca. 500.000 Kinder von ADS betroffen sein (5 %), während in den USA der Anteil von ADS-Kindern bereits auf 20 % geschätzt wird. Kinder mit einer fast unerschöpflichen Bewegungsenergie, die nie still sitzen können und sich durch alles Mögliche ablenken lassen, hat es wohl schon immer gegeben.

Symptome und Erscheinungsbilder

Der Frankfurter Nervenarzt Dr. Heinrich Hoffmann beschrieb bereits 1844 in seinem Kinderbuch »Der Struwwelpeter« den »Zappelphilipp«. Auffällig in der heutigen Situation ist, dass die Diagnosezahlen rapide steigen und Merkmale kindlichen Verhaltens wie Ablenkbarkeit, Zerstreuung und Impulsivität immer häufiger ins Pathologische abdriften. In nahezu jeder Schulklasse und in jeder Kindergartengruppe treffen LehrerInnen bzw. ErzieherInnen auf Kinder, die Symptome von ADS aufweisen bzw. bei denen die Diagnose schon feststeht. DieAktualität der ADS-Problematik zeigt sich an dem wachsenden Interesse an Vorträgen, an den zunehmenden Gründungen von Elterninitiativen und der steigenden Anzahl von Fachbüchern. Dass immer wieder neue Begriffsbestimmungen und Sichtweisen bekannt werden, liegt daran, dass die Forschungen noch längst nicht abgeschlossen sind. Die breite Darstellung des ADS-Problems in der Öffentlichkeit erweckt den Eindruck einer gewissen zeit- und kulturspezifischen »Modekrankheit«. Diese Sichtweise wird dadurch unterstützt, dass ADS in vielen Ländern der Dritten Welt, aber selbst in Nachbarstaaten, wie z.B. Frankreich, entweder gar keine Bedeutung hat oder nur minimal in Erscheinung tritt.

Der Begriff ADS bezieht sich auf ein ganzen Bündel von Symptomen wie:

- Störungen der Konzentrationsfähigkeit
- Mangelndes Durchhalten bei Aufgaben
- Mangelnde Aufmerksamkeit
- Niedrige Toleranz für Frustrationen und Langeweile
- Vorliebe für aufregende Situationen
- Geringe Impulskontrolle (eine überdurchschnittlich große Neigung zu sagen oder zu tun, was einem gerade einfällt).

Die Betroffenen spüren beinahe ständig einen Energieüberschuss bzw. ein Gefühl der Aufgereiztheit und Aufgedrehtheit.

Die Kernsymptome von ADS sind:

- *Aufmerksamkeits- und Konzentrationsstörungen*
  Die betroffenen Kinder haben Schwierigkeiten, sich über einen längeren Zeitraum mit einer Aufgabe zu beschäftigen. Ständig werden sie durch äußere Reize abgelenkt, die es ihnen unmöglich machen, sich völlig auf ihre Aufgabe zu konzentrieren. Sie führen nichts zu Ende, haben keine Ausdauer, hören nicht zu, vergessen rasch, scheinen nichts aus begangenen Fehlern zu lernen etc.
- *Störung der Wahrnehmung und Informationsverarbeitung*
  Die Betroffenen sind nicht oder nur teilweise in der Lage, Reize aus ihrer Umwelt so aufzunehmen und zu verarbeiten wie es notwendig wäre, um die entsprechende Reaktion auf bestimmte Reize zu zeigen.
- *Störung der Gedächtnisbildung*
  Die Betroffenen sind leicht ablenkbar, haben Schwierigkeiten, bei der Sache zu bleiben und etwas zu Ende zu führen, scheinen oft nicht zuzuhören und schnell zu vergessen.

Als weitere Hauptsymptome, die allerdings nicht grundsätzlich mit einer ADS-Erkrankung einhergehen müssen, sind zu beachten:

- *Motorische Hyperaktivität*
  Dauernde Rastlosigkeit, kaum Stillsitzen können, andauernde Zappeligkeit, verstärkter Rededrang, Nägelkauen etc.
- *Impulsivität*
  Das Kind fasst einen Entschluss und führt ihn aus, ohne sich Gedanken über mögliche Konsequenzen zu machen.
- *Mangelhafte emotionale Steuerung*
  Zunehmende Selbstwertstörung, Frustrationsintoleranz, starke Stimmungsschwankungen, schnelles Weinen, Wutausbrüche, Aggressivität, fehlendes oder übersteigertes Einfühlungsvermögen, mangelnde Realitätskontrolle, Mutlosigkeit usw.
- *Dissoziales Verhalten*
  Außenseiter, wenig Freunde, Streitsüchtigkeit, Klassenclown, destruktives bis kriminelles Verhalten.

Entscheidend für die Beschreibung von ADS ist, dass sich das auffällige Verhalten in verschiedenen Umfeldsituationen (mindestens zwei, z.B. zu Hause und im Kindergarten oder in der Schule) zeigt. Außerdem müssen die Verhaltensauffälligkeiten beträchtlich häufiger auftreten, als dies bei den meisten Kindern mit gleichem Entwicklungsalter der Fall ist. Zusätzlich muss das gestörte Verhalten mindestens sechs Monate andauern und sich bereits früh im Kleinkindalter bemerkbar machen. ADS zieht oft weitere Folgesymptome nach sich, wie

- Lernstörungen, schlechte Leistungen in der Schule, isolierte Lernstörungen im Rechnen, Lesen und Schreiben, Diskrepanz zwischen Intelligenz und Schulnoten, problematische Schullaufbahn, schlechter und geringer Schulabschluss usw.
  - 80 Prozent wiederholen mindestens einmal eine Klasse.
  - 30 Prozent werden auf die Lernbehinderten-Schule verwiesen.
  - 35 Prozent besuchen die Sonderschule für Erziehungshilfe.
- Unfälle durch ungestümes Verhalten, z.B. beim Klettern, beim Herunterspringen oder beim plötzlichen Überqueren der Straße.

- Süchte
  Nach neuen wissenschaftlichen Erkenntnissen gelten Achtjährige, die durch extreme Unruhe, ausgeprägtes Lügen und starke Aufmerksamkeits- und Konzentrationsstörungen aufgefallen waren, als besonders suchtgefährdet. Bereits unter den 9- bis 11-jährigen Kindern mit ADS rauchen 50 Prozent und trinken 40 Prozent Alkohol.
- Kriminalität
  Es wurde ermittelt, dass unter den 9- bis 11-jährigen ADS-Kindern 50 Prozent stehlen.

Schwierigkeiten mit dem sozialen Umfeld

Viele Verhaltensweisen, die sich aufgrund der Beeinträchtigung des betroffenen Kindes permanent ergeben, führen zu Situationen, die sowohl für den Betroffenen als auch für das Umfeld sehr schwer zu ertragen sind. Im schlimmsten Fall kann dies zur totalen sozialen Ausgrenzung des Kindes in der Kindergartengruppe oder Schulklasse führen. So erlebt das betroffene Kind ständig Misserfolge und häufige Frustrationen, was sich negativ auf sein Selbstvertrauen und das Vertrauen in die eigenen Fähigkeiten auswirkt. Typische Situationen, mit denen ErzieherInnen im Umgang mit ADS-Kindern oft konfrontiert werden, sind folgende:

- Beim Anstehen in einer Reihe, etwa während einer Bewegungsaktivität, kann es passieren, dass ein betroffenes Kind von einem anderen gerempelt wird – womöglich unabsichtlich und gar nicht sonderlich stark. Dann kann es sein, dass das angerempelte Kind sofort aggressiv und unberechenbar zurückschlägt.
- Bei Kreisspielen kann ein betroffenes Kind nicht verstehen, dass es nicht beginnen bzw. nicht die Rolle einer bestimmten Hauptperson übernehmen darf. Das kann dazu führen, dass es penetrant auf seinen Wünschen besteht und nicht mehr aufhört, darum zu betteln. Wenn die ErzieherIn häufig nachgibt und diesem Kind seinen Willen erfüllt, können die restlichen Kinder eine Abneigung gegen dieses Kind entwickeln, weil es oft alles bekommt.

- Während des Freispiels kommt es häufiger vor, dass ein Kind unfähig ist, sich für eine Beschäftigung zu entscheiden und unkontrolliert im Raum herum rennt. Diverse Zusammenstöße mit anderen Kindern und das mögliche Eingreifen in das Spiel anderer Kinder können dazu führen, dass das betroffenen Kind als Störenfried angesehen wird.

Fallbeispiele

Das Zusammenleben mit einem ADS-Kind ist besonders für die Eltern sehr anstrengend, wie das Beispiel des 11-jährigen Philipp zeigt. Er kann nicht stillsitzen und legt nichts dahin zurück, woher er es geholt hat. Er war schon als Baby sehr unruhig: Er schrie andauernd und schlief nur drei Stunden am Tag. Die Mutter war bald am Ende ihrer Kräfte, denn auch das Stillen beruhigte den Kleinen nicht. Anfangs erklärte sie sich das Verhalten ihres Sohnes damit, dass er als Frühgeburt und Kaiserschnittkind auf die Welt gekommen war. Kaum konnte Philipp gehen, legte er richtig los: Er konnte keine Minute stillstehen, lief an der Hand seiner Mutter ständig um sie herum. Zu Hause zog er sich immer wieder an und aus, die Sachen verstreute er in seinem Zimmer. Nachts wachte er auf und brüllte so lange, bis ihn seine Mutter zu sich ins Bett holte. Auch heute gibt es noch immer Ärger um das Zu-Bett-gehen, um Disziplin und Ordnung. Die Mutter war häufig genervt, sie schlief nur wenig, tagsüber hatte sie Schwierigkeiten, sich zu konzentrieren. Als Philipp in die Schule kam, hatte er große Schwierigkeiten beim Lesen und Schreiben. Später wurde festgestellt, dass er Legastheniker ist – eine der Lernschwächen, die bei einem Drittel der ADS-Kinder zusätzlich festgestellt werden.

Wie sich ADS im Kindergarten beobachten lässt, zeigt das folgende Beispiel von Dennis (fünf Jahre): Er ist sehr unruhig und kann während einer Aktivität nicht auf seinem Stuhl bzw. Platz sitzen bleiben. Er hat große Probleme, sich auf eine Tätigkeit länger als fünf Minuten voll zu konzentrieren, selbst wenn er zunächst sehr interessiert arbeitet. Schnell wird er dann unruhig und lässt sich sehr leicht ablenken. Er hat große Schwierigkeiten, Anweisungen und Anforderungen der Erzieherinnen zu erfüllen.

Oft scheint es, als würde er sie beim ersten Mal nicht verstehen und erst nach mehreren Anläufen völlig erfassen, was eigentlich von ihm verlangt wird. Es fällt ihm sehr schwer, sich an Regeln und Grenzen zu halten. Gefahren für sich oder andere kann er nicht abschätzen und bringt sich dadurch immer wieder in gefährliche Situationen. Er hat große Schwierigkeiten, selbständig ein Spiel anzufangen. Hat er einmal etwas gefunden, das ihn interessiert, so kann er sich auch eine Weile damit beschäftigen (Legotisch oder Bauteppich). Tätigkeiten wie Malen oder Basteln werden von ihm nahezu völlig ausgelassen.

Diagnose

Die Vielfalt und Komplexität der Symptome und Merkmale, die mit ADS in Verbindung gebracht werden können, bringen viele Schwierigkeiten mit sich, wenn es tatsächlich darum geht, eine Diagnose einzuleiten. Nicht jedes unruhige Kind hat ADS und manche vermeintlichen Symptome können alters- und entwicklungsgemäß sein. Außerdem können viele der aufgeführten Symptome auch von anderen, teilweise schwerwiegenden Erkrankungen und Störungen herrühren, die vor der Diagnosestellung ausgeschlossen werden müssen. Daher bedarf es bei einem Verdacht auf ADS immer einer sehr gründlichen und differenzierten Diagnose von kompetenten Fachkräften, damit individuell geeignete Behandlungspläne erstellt werden können.

Die Diagnose kann nur von Fachleuten (KinderärztInnen, Kinder- und JugendpsychiaterInnen, PsychologInnen) erstellt werden. Erst wenn sich am Ende einer Serie von Befunden, die sich durch die Kooperation der behandelnden Fachärztin, eventuell der KinderpsychologIn, der Eltern, der ErzieherIn bzw. LehrerIn und des betroffenen Kindes ergeben, alle möglichen anderen Störungen und Krankheiten ausschließen lassen, kann die Diagnose getroffen werden. Bevor die endgültige Diagnose ADS gestellt wird, sind eine Reihe von Untersuchungen, Tests und Beobachtungen notwendig. Fest steht, dass es keinen eindeutigen Test für ADS gibt. Eine Diagnose ergibt sich erst durch das Zusammenwirken mehrerer Faktoren und kann nie an einer einzigen Untersuchungsmethode festgemacht werden. In erster Linie stützt sich die Diagnose auf die Anamnese (Kranken- und Lebensgeschichte) des Betroffenen. Sie ist sozusagen eine Bestandsaufnahme über die Situation des Kindes und beinhaltet die Forschung nach dem Geburtsverlauf, dem Lebenslauf, der Krankheitsgeschichte, Erlebnissen, Verhaltensweisen an verschiedenen Orten (Kindergarten, Schule usw.). Hier ist der Facharzt auf die Mithilfe von Eltern, LehrerInnen, ErzieherInnen usw. angewiesen. Für Eltern, Erzieherinnen und LehrerInnen kann der folgende Kurzfragebogen zu Hyperkinetischen Störungen hinsichtlich der Beurteilung der aufgeführten Verhaltensmerkmale eine erste Hilfe sein (vgl. Steinhausen, 2000, 153).

	Stärkegrad des Verhaltens			
Beobachtung	Überhaupt nicht 0	Ein wenig 1	Ziemlich stark 2	Sehr stark 3
Rastlos, dauernd in Bewegung.				
Reizbar, impulsiv.				
Stört andere Kinder.				
Kurze Aufmerksamkeitsspanne, beginnt vieles, führt es nicht zu Ende.				
Zappelt dauernd.				
Unaufmerksam, leicht abzulenken.				
Erwartungen müssen umgehend erfüllt werden, rasch frustriert.				
Weint schnell und häufig.				
Stimmung wechselt schnell und drastisch.				
Neigt zu Wutausbrüchen, unberechenbar, explosives Verhalten.				

Abb. 1 Kurzfragebogen

Ursachen und Auslöser

Der Vielzahl von Symptomen bei ADS entspricht auch die Vielfalt der möglichen Ursachen und Auslöser dieser Störung. Ungefähr siebzig verschiedene Ursachen sollen in Frage kommen: Angefangen von Nahrungsmittelunverträglichkeit über Bleivergiftung bis hin zu einer gestörten Mutter-Kind-Beziehung. Nach dem heutigen Stand der Fachdiskussion werden folgende Erklärungshypothesen angenommen:

- *Organische Ursachen* (angeborener Stoffwechseldefekt im Gehirn des Kindes)
  Vertreter dieser Auffassung vermuten, dass die betroffenen Kinder an einer Unterfunktion des Übertragungs- und Botenträgerstoffs Dopamin leiden. Dadurch sei die Regulierung der Informationsvermittlung gestört, und die Kinder können deshalb ihre Impulse und ihr Verhalten nicht angemessen steuern.
- *Genetische Faktoren*
  Bei vielen Kindern, bei denen ADS diagnostiziert wurde, hat man auch die Eltern untersucht und bei einigen genau die gleiche Störung festgestellt. Der Verdacht eines genetischen Hintergrunds wurde von weiteren Zwillings- und Familienstudien erhärtet:
  »Leidet ein Kind in einer Familie an der ADHS, dann bekommen die Geschwister die Störung bis zu siebenmal häufiger als in anderen Familien. Ist ein Elternteil betroffen, dann hat das Kind ein bis zu 50 Prozent erhöhtes Risiko« (Wilhelm, 2000, 45).
- *Störungen des Immunsystems (Allergien)*
  Anhänger dieser Richtung nehmen eine Unverträglichkeit der Nahrung und Allergien (z.B. allergische Reaktionen gegen Phosphate, Zucker, Farbstoffe und Konservierungsstoffe in Lebensmitteln) als Auslöser für hyperkinetische Störungen an.
- *Umweltbezogene Erklärungsmöglichkeiten*
  Mit neuen Erkenntnissen vor allem aus der Hirnforschung argumentieren Experten wie z.B. Hüther (2002), dass auch negative oder unzureichende frühkindliche Bindungserfahrungen Auswirkungen auf die Hirnentwicklung des Kindes haben: »Doch statt

das Kind durch einen Eingriff in seinen Hirnstoffwechsel anzupassen, sollten wir uns fragen, was sich an den kindlichen Entwicklungsbedingungen heute derart verschlechtert hat, dass so viele Kinder eine ADHS-Symptomatik entwickeln. Wir sollten uns fragen, ob vielleicht unser gegenwärtiges Erziehungssystem den kindlichen Lernbedürfnissen nicht gerecht wird; oder ob eine Form der Wohlstandsverwahrlosung vorliegt, die immer häufiger zu frühkindlichen Beziehungsstörungen führt. Die Ausformung und Stabilisierung komplexer Verschaltungen im frontalen Kortex ist ein schwieriger Prozess, der unter Bedingungen eines mangelnden Reizschutzes in Form sicherer emotionaler Bindungen kaum gelingen kann« (Hüther, 2002, 43). In einer Verletzung der Grundbedürfnisse nach Geborgenheit, Angenommensein und Liebe, aber auch der Grundbedürfnisse nach Durchsetzung und Loslösung und in einem Mangel des Urvertrauens werden hier Ursachen in der frühen Kindheit angenommen. Veränderte Lebensumstände und psychosoziale Bedingungen im Zusammenhang mit raschen Entwicklungen beeinflussen zunehmend Erziehung und Sozialisation der Kinder. Die heutige Kindheit ist geprägt von Reizüberflutung, Verplanung, Stress, Hetze, Schnelllebigkeit, Wettbewerbsdenken, Konsumorientierung, Technisierung, Bewegungseinschränkung usw. Diesen und weiteren Belastungen sind sowohl Erwachsene als auch Kinder mehr denn je ausgesetzt. Kinder sind dabei diejenigen, die viel empfindlicher als Erwachsene auf die Veränderungen der Umwelt reagieren. Beispielsweise führt Stress bei Kindern zu einer erhöhten Reizbarkeit, durch die der Schlaf- und Wachrhythmus beeinflusst wird. Das Kind lässt sich weniger leicht beruhigen und kann schlechter zu innerer Ruhe und Entspanntheit gelangen, die dann u.a. auch zum Essen notwendig sind. Das bedeutet, dass das Kind sein Aktivitätsniveau nicht immer so regulieren kann, wie es für die verschiedenen Situationen notwendig wäre.

Gesellschaftliche Einflüsse

Nach Ansicht des amerikanischen Autors S. Walker ist ADS ein Symptom des modernen Lebens und keine moderne Krankheit. R. DeGrandpre betrachtet hyperkinetische Störungen als unvermeidliche Begleiterscheinungen der »Sucht nach Geschwindigkeit«. Er meint, dass die steigenden Anforderungen von Beruf und Wohlstand es den Eltern erschweren, die Entwicklungs- und Erlebenswelt ihrer Kinder zu erhalten und zu schützen. Bindungen unter Stress in einer beschleunigten Gesellschaft führt für Kinder zu erheblichen Konsequenzen: »Das gehetzte, unstrukturierte Leben der Kinder heute steht mit der zunehmenden Sucht nach Sinnesreizen in Beziehung. Das fängt mit dem Verlust der Familienstrukturen an. Das Fehlen eines berechenbaren, gleichbleibenden (und langsamen!) Tagesablaufs zu Hause führt dazu, dass das Kind keine Strukturen der Selbstorganisation und Selbstkontrolle in sich ausbilden kann« (DeGrandpre, 2002, 44). DeGrandpre sieht als weiteres Problem, dass Eltern und Kinder täglich immer weniger Zeit für wohltuende Stille und Ruhe zur Verfügung steht. Die Verplanung der Kinder durch viele Termine mit verschiedenen Betreuungspersonen unterstützen ein wachsendes Bedürfnis nach Stimulation, was dazu führen kann, »dass das Kind in langsamen Lebensbezügen völlig durchdreht – in der Schule, beim Essen, zur Bettgehzeit, bei der Hausarbeit, den Schulaufgaben oder wenn dem Kind etwas verboten wird. Statt die Fähigkeit zur Selbstkontrolle zu lernen, die wir alle brauchen und die früher fast alle Menschen entwickelten, wird Stimulation zu einer Ersatzstruktur für das Kind, und wenn sie wegfällt, fällt auch das Kind auseinander« (DeGrandpre, 2002, 45). Es scheint, dass ADS auch durch gesellschaftliche Bedingungen mitverursacht wird, die als Störquelle auf die Familie einwirken. Auf jeden Fall wird deutlich, dass die Auslöser und Ursachen sehr vielschichtig und komplex sind und bei den Experten keine einheitliche Auffassung über die Entstehung von ADS besteht. Vermutlich wird bei den Ursachen von hyperkinetischen Störungen von einer dauernden Interaktion zwischen Organismus, Psyche und Umwelt ausgegangen werden müssen.

Behandlungsmöglichkeiten

Die möglichen Behandlungsformen bzw. Therapien richten sich nach den Symptomen, nach der Persönlichkeit und der psychisch-körperlichen Verfassung des Kindes. Nicht jede Behandlungsmöglichkeit bzw. Therapie zeigt bei allen Kindern die gleiche Wirkung, auch wenn sie mit ähnlichen oder gleichen Symptomen behaftet sind. In Kenntnis der persönlichen Krankheits- und Lebensgeschichte und nach einer eindeutigen Diagnose kann der Facharzt möglichst in der Zusammenarbeit mit einem Psychologen und den an der Erziehung des Kindes Beteiligten folgende Maßnahmen in Erwägung ziehen:

Medikamentöse Behandlung

Die weitverbreitete Annahme, dass ADS allein durch einen angeborenen Stoffwechseldefekt (Dopaminmangel) verursacht wird, hat die medikamentöse Behandlung dieser Störung gefördert. Mit Hilfe der »Wunderwaffe« Ritalin soll der Dopaminmangel ausgeglichen werden. Ein Bestandteil von Ritalin ist Xeophillin, das in ähnlicher Form als Neurotransmitter im Gehirn vorhanden ist. Dort ist es als Botenstoff mitverantwortlich für die Informationsweitergabe. Die Einnahme von Ritalin sorgt mit seinem Bestandteil Xeophillin für eine anregende Wirkung des Gehirnstoffwechsels, was bei einem Betroffenen positive Auswirkungen auf die Informationsweitergabe hat. Wenn das Medikament wirkt, hilft es dem Betroffenen dabei, sich besser zu konzentrieren, seine Aufmerksamkeit über einen längeren Zeitraum aufrechtzuerhalten, Reizbarkeit, Stimmungsschwankungen, Ängste und Frustrationen abzubauen, die Impulskontrolle und Wahrnehmung zu kontrollieren und zu differenzieren. Nach Studien soll Ritalin drei Viertel der Behandelten ruhiger, rationaler und aufmerksamer machen, ohne dass sie körperlich und psychisch abhängig werden. Auf der Rangliste der meistverkauften Psychopharmaka liegt dieses Medikament bereits auf Platz sechs. Nach Auskunft von M. Caspers-Merk, der Drogenbeauftragten der Bundesregierung, verschreiben nicht nur Kinderärzte und Kinderpsychiater Ritalin, sondern auch

Zahnärzte, Frauenärzte und Allgemeinmediziner, weshalb sie im August 2001 vor einem Missbrauch dieses Medikamentes warnte. Aber nicht nur in Deutschland, sondern auch in mehr als 50 weiteren Staaten ist der Verbrauch der Psychopille dramatisch gestiegen. Die Weltgesundheitsorganisation forderte bereits 10 Staaten auf, »das mögliche Überdiagnostizieren der ADHS und den exzessiven Gebrauch der Substanz zu zügeln« (Wilhelm, 2000, 47). R. DeGrandpre rügt den Boom des Medikaments als Ausdruck der westlichen »Schnellfeuerkultur« und betrachtet die Krankheit hauptsächlich als durch diese Kultur verursacht. Die Anwendung von Ritalin ruft bei Eltern, ErzieherInnen, Lehrkräften und Experten ständig Diskussionen hervor.

Ritalin ist aus folgenden Gründen umstritten:

- Kritiker betrachten dieses Medikament als »chemische Form der Züchtigung« von betroffenen Kindern. Nach Ansicht von C. Neuhaus bräuchten weniger Kinder später Ritalin nehmen, wenn ADS über Intensivbetreuung und Erziehungsstil früher behandelt würde.
- Ritalin als Amphetamin fördert als stimulierendes Mittel auch bei gesunden Menschen Leistungssteigerung und Konzentration.
- Die Nebenwirkungen (z.B. Schlaflosigkeit, Appetitlosigkeit, Magenbeschwerden, Traurigkeit, Ängstlichkeit, Kopfschmerzen, Schwindel, Gewichtsverlust, Durchfall, Verstopfung, nervöse Tics, Hautausschläge, Haarausfall, Gelenkschmerzen, Sinnestäuschungen bis hin zu psychotischen Reaktionen, Herzjagen und Herzrhythmusstörungen) der Alltagsdroge Ritalin sind umfangreich und führen häufig dazu, dass das Medikament reduziert oder abgesetzt wird. Im Beipackzettel wird bei einem nicht bestimmungsgemäßem Gebrauch vor einem stark ausgeprägten psychischen Abhängigkeitspotential gewarnt.
- Obwohl für die Behandlung von Kindern unter sechs Jahren keine ausreichende klinische Daten vorliegen, wird dieses Medikament häufig auch für Kindergartenkinder verschrieben.
- Bisher kann über die Langzeitfolgen einer Ritalineinnahme nichts zuverlässiges ausgesagt werden.

- Psychiater und Neurobiologen weisen daraufhin, dass vermutlich weit mehr als zwei Drittel der ADS-Diagnosen falsch sind, weshalb Zweifel gegenüber Ritalin berechtigt sind.
- Der Ansicht, dass Ritalin ein schwaches Stimulanzmittel ist, wird nach einer Studie von N. Volkow widersprochen. Nach dem nicht erwarteten Untersuchungsergebnis wirkt Ritalin stärker als Kokain.
- Die Einnahme von Ritalin bleibt oft die einzige Therapiemaßnahme bei ADS.
- Eine nur medikamentöse Behandlung bringt keine wirkliche Verbesserung, denn nach dem Absetzen von Ritalin stellt sich rasch der alte Zustand wieder ein.

Pädagogische und therapeutische Behandlung

Nicht jede Behandlungsmethode ruft Erfolge bei jedem betroffenen Kind hervor und normalerweise kann niemals eine einzige Methode alle Symptome entsprechend behandeln. Die Basis der möglichen Therapien stellt der »multimodale Behandlungsansatz« dar. Darunter versteht man den gesamten Komplex der möglichen Therapien, deren Einsatz sich nach dem jeweiligen Erscheinungsbild und den persönlichen Eigenschaften des Betroffenen richtet. Dazu gehören:

- *Verhaltenstherapie*
  Ziel dieser Therapie ist es, das Kind dabei zu unterstützen, sein Verhalten selbst zu steuern und zu verantworten. Das soziale Kompetenztraining soll das Kind bei der Entwicklung zur sozialkompetenten Persönlichkeit unterstützen.
- *Spieltherapie*
  Hier wird an der Aufmerksamkeits- und Konzentrationsstörung angesetzt. Durch gezielte spielerische Aktivitäten soll die Konzentrationsfähigkeit geschult und verbessert werden.
- *Ergotherapie*
  Bei dieser Behandlung wird im Besonderen auf die Störungen in der Fein- und Grobmotorik, Wahrnehmung, Koordination, Sensomotorik, Ausdauer und Belastbarkeit eingegangen. Dazu werden

Mittel und Methoden eingesetzt, die praktische Aktivitäten erfordern, wie z.B. lebenspraktische Übungen, handwerkliche Tätigkeiten und gestalterische Prozesse.

- *Elternberatung, Elterntraining und Familientherapie*
  Hier werden im Wissen um die Problematik und die Schwierigkeiten des Kindes Hilfen für den Umgang und die Förderung des Kindes an die Hand gegeben. Die Behandlung des Kindes mit ADS muss schon zu Hause beginnen. Die wichtigsten Komponenten in der Erziehung und Lenkung von betroffenen Kindern sind Konsequenz, Klarheit und Strukturierung. Diese Kinder brauchen Regeln und Grenzen besonders dringend, um sich daran orientieren zu können. Diese Grenzen müssen ihnen unmissverständlich deutlich gemacht werden, damit sie sich daran halten können. Strukturierung besagt, den Betroffenen Orientierungshilfen an die Hand zu geben, mit denen sie zunehmend selbständiger werden in der Bewältigung ihres Alltags. Solche Orientierungshilfen können beispielsweise Listen, Gedächtnisstützen, Notizblöcke, Terminkalender, Pinnwände oder Wecker sein. Mit dem Kind zusammen könnte man einen Plan aufstellen, der ihm dabei hilft, eine Aufgabe zu bewältigen. Die Reihenfolge der Vorgehensweise könnte darin enthalten sein und graphisch oder schriftlich dargestellt werden. So werden dem Betroffenen Hilfen angeboten, sich selbst und seine Tätigkeiten zu organisieren. Gleichzeitig wird dadurch negativen Auswirkungen wie Misserfolgen oder Auseinandersetzungen aufgrund von Misserfolgen vorgebeugt. Zur Strukturierung zählt auch die Ordnung. Ein überschaubares Angebot an Spielmaterialien, die Abwechslung und die Trennung der verschiedenen Materialien ist zu beachten. Außerdem muss jedes Material seinen festen Platz haben. Dies gibt dem Kind Sicherheit, sich in seiner Umgebung zurechtzufinden.

Pädagogische Hinweise

Im Elterntraining konzentriert man sich hauptsächlich auf die soziale Verstärkung von erwünschtem Verhalten des betroffenen Kindes. Hinsichtlich der praktischen Vorgehensweise sind für die Eltern die folgenden zehn Tipps wichtig (Quelle: Hypies Berlin, nach G. Lynn):

- Geben Sie dem Kind beim Lernen Zeit und Raum, ein Thema auf seine Art zu bearbeiten. Nehmen Sie dabei eine Beraterrolle ein. Üben Sie keinen Druck aus.
- Beobachten sie genau, wann das Kind sich gut fühlt, und bauen Sie diese Erfahrungen in die tägliche Routine ein.
- Geben Sie Ihrem Kind Wahlmöglichkeiten, etwa: »Wann willst du deine Hausarbeiten machen? Gleich nach der Schule oder nach dem Mittagessen, damit du Zeit hast, einen Freund einzuladen?«
- Entschärfen Sie die Abwehrhaltung des Kindes mit Ich-Aussagen. Sagen Sie nicht: »Sprich nicht in diesem Ton mit mir«, sondern: »Ich würde mich freuen, diese Sache mit dir zu besprechen, wenn du Respekt zeigst.«
- Reagieren Sie auf Fehlverhalten sofort. Da das Kind Probleme mit dem Kurzzeitgedächtnis hat, sind verzögerte Konsequenzen nutzlos.
- Verlieren Sie nicht die Kontrolle. Hyperaktive Kinder reagieren am besten auf sachliche Kommunikation.
- Vermeiden Sie die »große Schlacht«. Lassen Sie dem Kind Zeit, sich zu beruhigen, ehe Sie auf sein Fehlverhalten reagieren.
- Achten Sie auf das richtige Timing. Am Nachmittag sind ADHS-Kinder verwundbarer, weil sie den ganzen Tag ihre Energie dafür verwendet haben, sich zu konzentrieren. Auch die Wirkung von Medikamenten lässt nach.
- Helfen Sie dem Kind, sich zu beruhigen. Schreit es unbeherrscht, sagen Sie: »Zeige mir, dass du Kontrolle über dich hast. Wenn du mit dem Fluchen aufhörst, können wir über das reden, was du willst.«
- Reagieren Sie frühzeitig. Wenn das Kind Fratzen schneidet oder albern reagiert, dann sind das Signale dafür, dass es sich »aufheizt«. Klären Sie dann gleich, was in ihm vorgeht. Ziehen Sie sich zurück, wenn es nicht bereit ist zu reden.

Bei der Behandlung von ADS sollte eine breite Palette von Möglichkeiten eingesetzt werden, wobei die Therapie auf jedes einzelne Kind speziell zugeschnitten sein muss. Eine ausschließlich medikamentöse Behandlung ist keine Lösung, wobei ein Einsatz von Ritalin bei passender Dosierung und laufender Betreuung durch einen kompetenten Facharzt sinnvoll sein kann, um bei schwereren Fällen eine Therapie überhaupt erst zu ermöglichen. Auf jeden Fall müssen pädagogische und psychologische Maßnahmen bzw. Therapien sowie die ständige Beratung der Eltern zur Behandlung von ADS gehören.

Zusammenfassung

- Charakteristische Merkmale von ADS sind massive Probleme der Konzentration, eine geringe Impulskontrolle, eine verminderte Belastbarkeit und eine Bewegungsunruhe.
- Nicht nur das betroffene Kind muss sich mit seinen Schwierigkeiten auseinander setzen,sondern sein ganzes soziales Umfeld wird durch die umfangreiche Symptomatik beeinflusst, weshalb auch häufig ein dissoziales Verhalten auftreten kann.
- Die Diagnose kann aufgrund der Vielfalt und Komplexität der Symptome nur von Fachleuten (Kinderärzten, Kinder- und Jugendpsychiater, Psychologen) erstellt werden.
- Der Vielzahl von Symptomen bei ADS entspricht auch die Vielfalt der Ursachen und Auslöser dieser Störung: Angefangen von Nahrungsmittelunverträglichkeit über Bleivergiftung bis hin zu einer gestörten Mutter-Kind-Beziehung.
- Die möglichen Behandlungsformen bzw. Therapien richten sich nach den Symptomen, nach der Persönlichkeit und der psychisch-körperlichen Verfassung des Kindes. Folgende Maßnahmen können in Erwägung gezogen werden: Medikamentöse, pädagogische und therapeutische Behandlung.

Anregungen

- Versuchen Sie es einzurichten, dass das betroffene Kind viel draußen spielen kann.
- Wenn Sie es einrichten können, eröffnen Sie dem Kind die Möglichkeit, für ein Haustier zu sorgen. Am besten eignet sich dafür eine große freundliche Hunderasse, die auch einmal einen Knuff verträgt.
- Nehmen Sie Kontakt mit einer Selbsthilfegruppe oder einer Eltern-Initiative auf.

3. Behandlung und erzieherische Hilfen

Die Mehrzahl der Verhaltensauffälligkeiten und -störungen können unter bestimmten Voraussetzungen, z.B. durch neu angeeignete Verhaltensmuster, die dem Kind oder Jugendlichen eine adäquatere Umweltbewältigung ermöglichen, in den Hintergrund gedrängt und schließlich bedeutungslos werden. Auch sind Verhaltensdefizite keineswegs unabänderlich – wenngleich kompensatorische Prozesse und Mittel je nach Alter, Verhaltensbereich und Ausmaß der Verhaltensstörung unterschiedlichen Erfolg versprechen. Für eine Beurteilung der Chancen, auffälliges Verhalten positiv zu beeinflussen, gilt aber: »Je später eine Verhaltensauffälligkeit, die Leistungsverhalten und soziale Integration empfindlich stört, zum Vorschein kommt, um so tragischer ist in der Regel der Verlauf. Die Korrektur wird immer schwieriger, die Umgebung hat für das gestörte Kind mit zunehmendem Alter immer weniger Verständnis, der Ruf nach Strafmaßnahmen übertönt bald das Verlangen nach heilpädagogischer Hilfe« (Deißler, 1978, 50). Hier wird deutlich, dass den pädagogischen Institutionen Kindergarten und Schule eine besondere Bedeutung bei der Vorbeugung und Behandlung von Verhaltensauffälligkeiten zukommt. Einige grundlegende Prinzipien für das Umgehen mit verhaltensauffälligen Kindern und Jugendlichen sollen mögliche Hilfen für Erziehungspraxis anbieten und zu deren Gebrauch anregen.

3.1 Beobachtung

Jede professionelle oder nicht-professionelle ErzieherIn macht gelegentliche, zufällige und unerwartete Wahrnehmungen bei Kindern, die zum Gegenstand des Nachdenkens werden. Hieraus kann das Interesse an einer ausführlichen und genaueren Kenntnis des nur einmal oder mehrmals beobachteten kindlichen Verhaltens erwachsen. Hier beginnt der Übergang von der gelegentlichen Alltagsbeobachtung zur methodischen Beobachtung. Darunter ist die systematische, sorgfältige, bewusste und aufmerksame Wahrnehmung von Handlungen, Ereignissen und Verhaltensweisen von Personen zu verstehen. Diese Form der Beobachtung ist ein Messverfahren bzw. eine Methode der gezielten Datenerhebung, die zu den wichtigsten Aufgaben der erzieherischen Berufe gehört. Jedes Wissen über Verhaltensstörungen geht letztlich auch auf Beobachtungen irgendwelcher Art zurück. Ziele der Beobachtung sind:

- Feststellen von Verläufen und Häufigkeiten von Verhaltensweisen.
- Feststellen von Regelmäßigkeiten im Verhalten.
- Frühzeitiges Erkennen von Verhaltensauffälligkeiten.
- Einen bestimmten Verhaltensbereich möglichst genau erfassen und festhalten.
- Voraussetzung für gezieltes pädagogisches Handeln, um auf das Verhalten von Kindern besser Einfluss nehmen zu können.
- Die Ergebnisse von planvollen und häufigen Beobachtungen zeigen den ErzieherInnen bzw. LehrerInnen, wo und wann sie erzieherisch intervenieren sollen und wann sie ihre Hilfe intensivieren müssen.

Für die Beobachtung möglicher Verhaltensweisen empfiehlt sich die folgende Liste (Krenz, 1992, 67–69):

1. Sozialverhalten

1.1 Welches Kontaktverhalten zeigt das Kind innerhalb seiner Gruppe?
   - nimmt selbständig Kontakt auf (ungezwungen, aktiv, spontan)
   - hält sich zurück (gehemmt, scheu)
   - wartet darauf, dass man mit ihm Kontakt aufnimmt (passiv, abhängig).

1.2 Welche emotionalen Zuwendungsmöglichkeiten hat das Kind (gegenüber Alterskameraden – gegenüber Erwachsenen)?
- äußert spontan seine Gefühle (Zuneigung, Mitleid, Einfühlungsvermögen)
- wirkt eher gleichgültig, distanziert, ausdrucksgehemmt.

1.3 Wie ist die Bereitschaft zur Zusammenarbeit/Verhalten bei Konflikten?
- zeigt sich hilfsbereit
- verhält sich verantwortungsbewusst für andere
- kann nachgeben und die Interessen/Meinungen anderer anerkennen
- kann Regeln übernehmen, Gemeinschaftsaufgaben erfüllen, kann vermitteln
- durchsetzungsfähig, aber nicht egozentrisch.

1.4 Welche Verhaltensweisen zeigt das Kind in schwierigen Situationen?
- physisch aggressiv, verbal streitend, resignativ sich zurückziehend, vermeidend, ausweichend.

2. Emotionales Verhalten

2.1 Zeigt das Kind Selbstsicherheit?
- kann seine Wünsche äußern, wirkt angstfrei und sicher
- kann seine Bedürfnisse und Wünsche nicht äußern, wirkt eher ängstlich, unsicher, gehemmt.

2.2 Verhält sich das Kind selbständig?
- entwickelt Eigeninitiative.

3. Motivationales und intellektuelles Verhalten

3.1 Wie ist die Merkfähigkeit ausgeprägt?
- kann Aufgenommenes nach kurzer/längerer Zeit wiedergeben
- kann nach längerer Zeit Aufgenommenes reproduzieren.

3.2 Wie verhält sich das Kind bei Aufgaben, die Konzentration und Ausdauer verlangen?
- kann aufmerksam zuhören, Arbeitsanweisungen erfassen
- führt Arbeiten kürzerer/längerer Dauer zu Ende
- kann sich über längeren Zeitraum konzentrieren.

3.3 Wie verhält sich das Kind im Spiel und bei Arbeiten?
- bringt neue, originelle Einfälle
- verwendet meist vorgegebene Muster
- beharrt auf immer gleichen Schemata.

3.4 Über welche Kenntnisse und Fertigkeiten verfügt das Kind?
- kann Zusammenhänge seines Erfahrungsumfeldes erfassen und wiedergeben
- kann Gegenstände in bezug auf ihre Eigenschaften (Menge, Größen, Farben) benennen
- kann mit Gegenständen, Materialien und Werkzeugen angemessen umgehen (Handhabung von Papier, Bleistift, Schere usw. sowie sorgfältiges Umgehen mit Gebrauchsgegenständen).

3.5 Welche besonderen Interessen sind beim Kind zu beobachten?
- z.B. in den Bereichen Spiel, Sprache, Musik, Malen, Werken, Sport, Natur, Technik, häuslich-pflegerischer Bereich.

4. Sprachverhalten

4.1 Zeigt das Kind altersgemäßes Sprachverständnis und sprachliche Ausdrucksfähigkeit?
- kann Gesprochenes inhaltlich erfassen
- kann verständlich und zusammenhängend erzählen
- kann Objekte benennen, Unterschiede und Gemeinsamkeiten herausfinden.

4.2 Sprachstörungen

(Bei Auffälligkeiten sind Sprachheilpädagogen zur Differentialdiagnose hinzuziehen).

5. Körperbeherrschung

5.1 Wie kann das Kind seine Gesamtbewegungsabläufe beherrschen?
- kann das Gleichgewicht bewahren
- kann grobmotorische Abläufe koordiniert und gezielt einsetzen (Gehen, Laufen, Springen etc.).

5.2 Wie verläuft die Koordination der Feinmotorik?
- zeigt Finger- und Handgeschicklichkeit.

5.3 Zeigt das Kind Links-Dominanz?
- z.B. beim Werkzeuggebrauch, beim Spiel.

5.4 Motorische Störungen
(Nähere Angaben über die Art der grob- bzw. feinmotorischen Beeinträchtigungen)

6. Sinnesbeherrschung

6.1 Zeigt das Kind akustische Differenzierungsfähigkeit?
- kann Geräusche unterscheiden.

6.2 Zeigt das Kind Anzeichen, die auf eine Hörstörung hinweisen?
(Nähere Angaben bzw. diagnostische Abklärungen erforderlich)

6.3 Kann das Kind optische Gebilde differenziert betrachten?
- kann Einzelheiten aus einem wahrgenommenen Bild herausgliedern
- kann optische Gebilde aus Einzelheiten (wieder) zusammensetzen.

6.4 Zeigt das Kind Anzeichen, die auf eine der folgenden Störungen im Bereich der optischen Wahrnehmung hindeuten?
- Augenfehler-Sehstörungen, Farbunterscheidungsschwäche, Formunterscheidungsschwäche (weitere diagnostische Abklärungen erforderlich).

Bei Beobachtungen muss stets mit Fehlern gerechnet werden. Folgende Fehler können dabei zu mehr oder minder großen Verzerrungen der Beobachtungsresultate führen:

- Voreingenommenheit des Beobachters gegenüber dem Kind
- Vorschnelle Wertungen und subjektive Interpretationen beim Beobachter, wie z.B. »Maria schaut auf die Bank und schweigt bockig. Vermutlich schämt sie sich ihres Nichtwissens. Sie setzt sich und schweigt verstockt weiter.«
  »Christa ist ein aufsässiges, aggressives Mädchen, in meiner Gruppe ist sie immer ein Unruhestifter.«
  Hier sind die Fehler in der Wahrnehmung von Personen als ausschlaggebende Ursache zu betrachten (erster Eindruck, Vorurteile, Einstellungen, Erwartungshaltungen, Milde- bzw. Härte-Effekt usw. aufseiten des Beobachters). Beobachtbar ist immer

nur die Handlung – nicht Wollen, Fühlen und Denken von Kindern. Beobachtet kann grundsätzlich nur das werden, was der Beobachter sieht und hört.

- Bei Menschen, die sich beobachtet fühlen, tritt häufig Befangenheit (Distanzverlust) auf und sie neigen dazu, sich anders zu verhalten, als sie dies normalerweise getan hätten.
- Situative Bedingungen (Einflüsse wie Müdigkeit, Aufmerksamkeitsschwankungen, unvorhersehbare Ereignisse usw. während der Beobachtung).

Aufgrund der aufgezeigten Fehlerquellen muss sich der Beobachter um Objektivierung der Beobachtung bemühen:

- Reflexion und Feedback über Beobachtungen mit Kollegen und Kolleginnen praktizieren.
- Unterschiedliche Beobachtungen an mehreren Tagen vergleichen.
- Beobachtungen von unterschiedlichen Beobachtern vergleichen.

Zusammenfassung

- Die Beobachtung ist die systematische, sorgfältige, bewusste und aufmerksame Wahrnehmung von Handlungen, Ereignissen und Verhaltensweisen.
- Ein wichtiges Ziel der Beobachtung ist das frühzeitige Erkennen von Verhaltensstörungen und –auffälligkeiten.
- Aufgrund von möglichen Fehlerquellen (vorschnelle Wertungen, subjektive Interpretationen, Aufmerksamkeitsschwankungen, Befangenheit) muss sich der Beobachter um eine Objektivierung der Beobachtung bemühen.

Anregungen

- Beobachten Sie ein Kind 10 Minuten lang und halten Sie die Beobachtungen schriftlich fest.
- Führen Sie Selbstbeobachtungen durch: Beobachten Sie dabei Ihre eigenen Reaktionen bei Konflikten und bei Schwierigkeiten im Umgang mit anderen Menschen.

3.2 Fallbesprechung

Die Fallbesprechung im Team bietet sich für ErzieherInnen und LehrerInnen als eine Methode an, um eigene Erfahrungen im Umgang mit verhaltensauffälligen Kindern mit pädagogischen Mitarbeitern auszutauschen. Die Analyse eines Fallbeispieles gilt einerseits als Methode der Erkenntnisgewinnung, andererseits auch als Anwendung von Wissen und Erfahrung mit dem Ziel der Informationsgewinnung (Was war?), der Problemfindung (Was liegt vor?) und der Problemlösung (Welche Hilfen sind denkbar?). Dabei kann es im einzelnen um Fragen gehen, wie z.B.

- Liegt bei dem betreffenden Kind überhaupt eine Verhaltensstörung vor?
- Um welche Verhaltensstörung (Symptome) handelt es sich?
- Sind gewisse Erziehungsschwierigkeiten nur auf eine Person begrenzt oder treten sie bei jedem Mitarbeiter auf?
- Was wurde bereits unternommen?

Das Gespräch im Team hilft, gemeinsam nach Lösungen zu suchen und erzieherische Maßnahmen zu planen und auf ihren Erfolg oder Misserfolg zu befragen. Die Verhaltensstörung eines Kindes wird auf der Grundlage von geschilderten Beobachtungen, die ein Teilnehmer einbringt, diskutiert. Die inhaltliche Auseinandersetzung über diese Problematik nimmt seinen Ausgangspunkt in der subjektiven Betroffenheit eines Mitglieds. Das Team ermöglicht stärkeren Rückhalt und größere Solidarität durch die gemeinsame Betroffenheit und die vielfältigeren methodischen Möglichkeiten in der Fallbesprechung.

Ein gewisses strukturiertes Vorgehen ist bei der Fallbesprechung notwendig. Dabei können folgende Phasen unterschieden werden (vgl. Gudjons, 1992, 43):

- *Fallbericht*
  Ein Mitglied schildert den Fall (sozialer Hintergrund, Beziehung zur Gruppe, Beziehung zu ErzieherInnen, Symptomatik des Problemverhaltens, Häufigkeit der Verhaltensstörung, mögliche Ur-

sachen usw.). Aufgabe des Teams ist es, aktiv zuzuhören, genau zu beobachten und eigene Reaktionen zu registrieren.

- *»Blitzlicht«* (kurze Äußerungen jedes Teammitglieds)
  Was hat der Fall in mir ausgelöst, wie fühle ich mich jetzt?
  Es sollte außerdem eine knappe Stellungnahme des Berichtenden dazu folgen.
- *Beobachtungen zum Fallbericht*
  Leitfrage: Was ist mir an der Falldarstellung und am –darstellenden aufgefallen?
- *Durcharbeiten*
  (Vertiefung von Einzelaspekten, theorieorientierte Deutungen, diagnostische Schlüsse, bisherige erzieherische Verhaltensweisen).
- *Lösungsmöglichkeiten*
  (Ideensammlung, Verhaltensvorschläge, Handlungsalternativen, Handlungsplan: Planung zur Veränderung des Verhaltens, Methoden, gewünschtes Verhalten).

Zusammenfassung

- Bei der Fallbesprechung handelt es sich um eine Methode, um eigene Erfahrungen im Umgang mit verhaltensauffälligen und -gestörten Kindern mit pädagogischen Mitarbeitern auszutauschen.
- Die Analyse eines Fallbeispieles dient zur Informations- und Erkenntnisgewinnung, zur Problemfindung und zur Problemlösung.
- Die Fallbesprechung soll helfen, gemeinsam nach Lösungen zu suchen, erzieherische Maßnahmen zu planen und ihren Erfolg oder Misserfolg abzuklären.

Anregung

- Versuchen Sie mit Hilfe von Beobachtungen und der Berücksichtigung des sozialen Hintergrundes einen Fallbericht über ein verhaltensgestörtes Kind zusammenzustellen und tragen Sie diese Fallgeschichte im Team vor.

3.3 Elterngespräch

Gibt das Verhalten eines Kindes Anlass zu der Vermutung, dass eine Verhaltensstörung vorliegt, sollten weder die ErzieherIn noch die LehrerIn zögern, Eltern behutsam und taktvoll mit ihrer Vermutung zu konfrontieren und eventuell zu weiterer Abklärung die Konsultation einer PsychologIn, einer FachärztIn oder einer TherapeutIn zu empfehlen. Eltern brauchen dann den Hinweis, dass ihr Kind unter Umständen ärztliche Hilfe, besondere Förderungsmaßnahmen, psychotherapeutische Behandlung oder spezielle heilpädagogische Hilfe braucht, um zu einer bestmöglichen Entfaltung seiner Persönlichkeit zu gelangen. Diese »funktionelle Erziehungsberatung« von ErzieherInnen und LehrerInnen hilft neben der institutionellen Beratung Auffälligkeiten oder drohenden Störungen vorzubeugen, sie aufzufangen, zu vermindern oder gar zu beseitigen. Das Gespräch mit den Eltern ist für die professionellen ErzieherInnen dann sinnvoll, wenn schwerwiegende Probleme in der Entwicklung eines Kindes, in seinem im Kindergarten oder in der Schule gezeigten Verhalten oder in der Familie auftreten, die in Ruhe und ohne Anwesenheit des Kindes zu besprechen sind. Im kommunikativen Austausch mit den Eltern werden ErzieherIn oder LehrerIn über den sozialen Hintergrund, in dem das Kind lebt, über seine Familie sowie über die Sorgen der Eltern informiert. Diese Informationen sind von großer Wichtigkeit, um damit das Kind besser verstehen zu können. Die ErzieherIn bzw. die LehrerIn hat im Gespräch die Möglichkeit, die Eltern anhand von Beobachtungen über auffälliges Verhalten des Kindes zu informieren und weitergehende fachliche Hilfen anzubieten. Oft kann die gewünschte Verhaltensänderung des Kindes nur durch langfristiges Einwirken erreicht werden. Die Eltern brauchen dann eine Aussprachemöglichkeit bei ErzieherIn oder LehrerIn, die ihnen zur Orientierung für das eigene Verhalten dient, d.h. die sie unterstützt, wenn sie sich richtig verhalten, und die weitere Vorschläge erarbeitet, wenn ihre Einwirkung fehlschlägt. Bei den Gesprächen mit den Eltern sollten folgende Punkte beachtet werden:

- Die Eltern sollen dazu angeleitet werden, ihre Kinder und deren Verhalten zu verstehen.

- Es ist außerdem wichtig, dass die Eltern das Verhalten des Kindes im Hinblick auf die augenblicklichen Bedingungen, die das Verhalten auslösen, analysieren können.
- Die Eltern sollen wissen, wie sie ihr eigenes Verhalten steuern können und damit zugleich erfahren, wie sie das störende Verhalten des Kindes durch ihr Verhalten verändern können.

Planung und Durchführung

Nach Utz (2000, 11) sind folgende Arbeitsschritte zur Planung und Durchführung des Elterngesprächs (Erstgespräch) zu berücksichtigen:

Planung

- Festlegung der Ziele des Erstgesprächs: Was soll mit dem Gespräch erreicht werden? Folgende Ziele sind sinnvoll und realistisch:
  - Die Eltern sind bereit, einen geeigneten Fachdienst aufzusuchen, um die Situation des Kindes genauer abklären zu lassen.
  - Vereinbarung eines weiteren Gesprächs mit dem Ziel, die neu gewonnenen Informationen auszuwerten und das weitere Vorgehen abzusprechen.
- Wer ist am Gespräch beteiligt?
  - Es sollte möglichst nur eine ErzieherIn bzw. LehrerIn das Gespräch führen; möglichst diejenige Kollegin, die das Kind gut kennt und vor allem den besten Kontakt zu den Eltern hat.
  - Einladung beider Elternteile, auch wenn die ErzieherInnen und LehrerInnen häufig die Erfahrung machen, dass nur die Mütter an solchen Gesprächen teilnehmen.

Leitlinien zur Durchführung des Gesprächs

- Zu Beginn die Eltern über Anlass und Ziel des Gesprächs informieren und an den Gemeinsamkeiten ansetzen, wie z.B. »Wir machen uns Sorgen um Ihr Kind … « oder »In den letzten Wochen ist mir aufgefallen, dass Matthias immer ruhiger und zurückgezogener ist. Er nimmt von sich aus selten Kontakt zu den anderen Kindern auf. Wenn ich ihn anspreche, sieht er mich nicht an und gibt nur kurze Antworten.«
- Im nächsten Schritt nur die Beobachtungen mitteilen, die zur Sorge Anlass geben – durch Beobachtungen ergänzen, die auf die Stärken des Kindes hinweisen.
- Den Eltern die Möglichkeit einräumen, Stellung zu beziehen.
- Vermeiden, die Eltern vom eigenen Fachurteil überzeugen zu wollen, etwa nach dem Motto: »Ihr Kind hat aber Probleme … ist entwicklungsverzögert … « oder »Die Kolleginnen sehen das auch so … « mit dem Ziel, dass die Eltern einsehen sollen, dass ihr Kind wirklich Probleme hat.
- Den Eltern empfehlen, zur weiteren Abklärung externe Experten hinzuzuziehen, um die eigenen Vermutungen zu überprüfen.
- Wenn Eltern zögern, den Vorschlag anzunehmen, gilt es ihre Bedenken einfühlsam aufzugreifen und wenn möglich gemeinsam zu klären.

Wenn Eltern sich im Gespräch nicht dazu durchringen können, einen Fachdienst hinzuzuziehen, ist es sinnvoll,

- den Eltern eine Bedenkzeit einzuräumen und sie zu einem zweiten Gespräch einzuladen oder
- einen weiteren Beobachtungszeitraum zu vereinbaren, um die neuen Informationen in einem weiteren Gespräch auszuwerten.

Nach Einwilligung der Eltern sind für die weitere Zusammenarbeit folgende Schritte erforderlich:

- Information der Eltern über die Arbeitsweise des Fachdienstes mit Angabe der Adresse, der Telefonnummer usw.

- Information über die Art der Zusammenarbeit zwischen Kindergarten bzw. Schule und Fachdienst.
- Erlaubnis der Eltern, dass die ErzieherInnen bzw. LehrerInnen dem Fachdienst über ihr Kind Auskünfte erteilen dürfen.
- Vereinbarung eines weiteren Gesprächstermins.

Gesprächsfördernde Techniken

- *Echtheit*
  Die wichtigste Vorbedingung ist eine aufrichtige, ungezwungene Haltung und echtes Interesse an Problemen des Gesprächspartners. Die ErzieherIn bzw. LehrerIn sollte keine unechte Fassade oder Maske »aufsetzen«, sondern sich offen für alles zeigen, was in ihr selbst vorgeht und was sie am Gesprächspartner wahrnimmt.
- *Akzeptanz/Wertschätzung*
  Hier geht es um die Haltung gegenüber dem Gesprächspartner. Die ErzieherIn bzw. LehrerIn sollte den Eltern grundsätzlich positiv gegenübertreten, sie mit ihren Problemen annehmen und sie spüren lassen, dass sie als Mensch ohne Vorbehalte geachtet werden.
- *Einfühlendes Verstehen/Empathie*
  Die ErzieherIn bzw. LehrerIn bemüht sich, sich in die Erlebnisse und Gefühle des Gesprächspartners hineinzuversetzen. Dabei ist aber auch die nötige Distanz zu wahren, damit auch kritische Impulse in das Gespräch eingebracht werden können.
- *Verbalisierung*
  Die von den Eltern geäußerten Informationen wiederholt die ErzieherIn bzw. LehrerIn mit anderen Worten, um zu prüfen, ob sie die Eltern richtig verstanden hat und um sie zu einer noch genaueren Beschreibung aufzufordern.
- *Klärung von Widersprüchen*
  Mögliche Widersprüche deuten darauf hin, dass noch einiges unklar ist bzw. verborgen wird. Die ErzieherIn bzw. LehrerIn soll sie aufmerksam verfolgen und zu klären versuchen.
- *Aktives Zuhören* (verbale und unterstützende Beteiligung des Beraters am Gespräch).

Zusammenfassung

- Das Gespräch mit den Eltern ist für die ErzieherInnen und LehrerInnen dann sinnvoll, wenn schwerwiegende Probleme in der Entwicklung eines Kindes, in seinem im Kindergarten oder in der Schule gezeigten Verhalten auftreten, die in Ruhe und in Abwesenheit des Kindes zu besprechen sind.
- Die ErzieherIn bzw. die LehrerIn hat im Gespräch die Möglichkeit, die Eltern anhand von Beobachtungen über auffälliges Verhalten des Kindes zu informieren und weitergehende fachliche Hilfen anzubieten.
- Im Gespräch sollten die Selbsthilfemöglichkeiten der Eltern geweckt und gefördert werden.
- Eltern sind so zu akzeptieren, wie sie sind. Andererseits müssen ihnen aber ihre Grenzen und Fehler in einer humanen Form aufgezeigt werden.
- Wo auch immer es möglich ist, sollte mit den Stärken der Eltern gearbeitet werden, statt nur gegen ihre Schwächen zu kämpfen.
- Als gesprächsfördernde Techniken sind Echtheit, Akzeptanz/Wertschätzung, einfühlendes Verstehen und aktives Zuhören zu nennen.

Anregungen

- Kontrollierter Dialog
  Die Bedingung der Kommunikationsübung ist, dass jeder eine den anderen jeweils befriedigende Zusammenfassung des Gehörten gibt, bevor er antwortet. Zuerst müssen Dreier-Gruppen (Rollen A, B, C) gebildet werden. Je zwei dieser drei Teilnehmer wählen sich ein Thema und versuchen, darüber ein Gespräch zu führen und zwar mit folgenden Spielregeln:
  A beginnt mit einem Satz. B muss den Satz von A präzise und sinngemäß wiederholen. Wenn A daraufhin mit »stimmt« oder »richtig« bestätigt, darf B auf die Aussage von A antworten. Sollte A die Wiederholung von B verneinen (»falsch« bzw. »nein«), muss B die Aussage von A nochmals wiederholen.
  C fungiert als Beobachter und schaltet sich ein, wenn die Regeln nicht eingehalten werden. Die Rollen werden so lange gewechselt, bis jeder Teilnehmer in der Beobachterrolle war. Die Übung sollte jeweils ca. 15 Minuten dauern. Anschließend sollte eine gemeinsame Diskussion und Auswertung stattfinden.

- Übung Elterngespräch
  Christian, 10 Jahre, besucht die 4. Klasse der Grundschule. Er ist körperlich altersentsprechend entwickelt, geistig rege, kann dem Unterricht gut folgen, ist aber auffallend still, zurückgezogen, ängstlich und kontaktscheu. Er spielt nie mit Gleichaltrigen. Am liebsten sitzt er zu Hause und sieht fern. Die Mutter ist wegen der Ängstlichkeit und Gehemmtheit ihres Sohnes sehr besorgt. Der Vater hält Michael für zu »weich« und zu »weiblich«, was er ihn auch bei jeder Gelegenheit spüren lässt.
  Überlegen Sie sich Schwerpunkte des Elterngesprächs. Welche weiteren Informationen erscheinen von Bedeutung?

3.4 Fachdienste: Beratung und Behandlung

Wenn Eltern spüren, dass jetzt der Punkt erreicht ist, wo sie allein nicht mehr mit den Problemen ihres Kindes zurechtkommen, stellt sich für die Eltern die Frage, wer ihnen nun helfen kann. Unter Umständen haben die Eltern bereits mit verschiedenen Bezugspersonen ihres Kindes (ErzieherIn oder LehrerIn) über die Verhaltensauffälligkeiten gesprochen, und die Eltern möchten jetzt eine professionelle Hilfestellung in Anspruch nehmen. Ein Teil der Eltern ist oft so verzweifelt, dass sie nicht in der Lage sind, sich selbst nach Rat und Hilfe umzusehen. Nicht selten scheitern Eltern daran, dass sie nicht wissen, an welchen Experten sie sich wenden sollen. So kann die Suche nach kompetenter Hilfe sich auch für die Eltern verwirrend und enttäuschend gestalten, wie der folgende Bericht belegt: »Laura ist zu dumm, um bis fünf zu zählen«, verkündete der Direktor einer Grundschule der verblüfften Mutter. Ihr Einwand, zu Hause könne Laura einwandfrei bis 100 zählen, veranlasst den Direktor zum Nachdenken: »Vielleicht ist Laura Legasthenikerin, jedenfalls rate ich Ihnen, mit der Einschulung noch ein Jahr zu warten.«

Leider ist dieses Beratungsgespräch nicht frei erfunden. Die Quelle der Erkenntnisse des Direktors war der Schulreifetest. Hier hatte Laura, statt an die Hand mit 4 Fingern den »richtigen« Daumen zu zeichnen, den »falschen« Arm gemalt.

Die Mutter sagte sich, dass sie zwar schon etliche Hände mit einem fehlenden Finger gesehen hatte, jedoch noch keine Hand ohne Arm.

Durch altsprachlichen Unterricht geschult, war sie auch in der Lage, den Begriff »Legasthenie« mit »Leseschwäche« zu übersetzen und fragte sich, ob man bei einem Kind, das noch nicht lesen gelernt hat, Legasthenie feststellen kann. Oder meinte der Direktor gerade das: Alle Kinder sind Legastheniker, bis sie lesen und schreiben können? Jedenfalls wollte sie der Sache auf den Grund gehen und besprach die Angelegenheit mit ihrem Mann, Jurist von Beruf. Ein Schulpsychologe könnte vielleicht Auskunft geben. Der Schulpsychologe der hessischen Großstadt wurde angerufen und teilte mit, er sei völlig ausgebucht und könne frühestens in einem halben Jahr …, ferner sei er nicht zuständig, da Laura ja noch nicht in der Schule sei. Er empfahl immerhin, sich an eine Erziehungsberatungsstelle zu wenden. Bedauerlicherweise, teilte diese mit, sei vor Dezember nichts zu machen. Ein befreundeter Lehrer (Sport und Biologie) hatte davon gehört, dass Legasthenie auf frühkindliche Hirnschädigung zurückzuführen sei, und riet, einen Arzt aufzusuchen. Da Laura schließlich Kind war, landete sie beim Kinderarzt … Der Kinderarzt stellte sich als ausgesprochener Gegner der Mengenlehre heraus. Ohne Zweifel sei die Zahl der Legastheniker nach der Einführung der Mengenlehre sprunghaft gestiegen. Im übrigen habe Laura Plattfüße.

Der Untermieter einer Nachbarin – so erinnerte sich eine andere Mutter – machte gerade Examen in Psychologie, hatte wenig Geld, vielleicht würde der … « (Frick, 1975, 239).

Sicher ist dieses Beispiel nicht zu verallgemeinern, aber es zeigt doch die außerordentliche Vielfalt von möglichen Beratungsinstanzen. Außerdem wird deutlich, dass sich bei Schul- und Erziehungsproblemen viele Personen und Institutionen als kompetent betrachten und ihre Ratschläge auf dem Hintergrund verschiedenster Interessen, Zielvorstellungen und Interpretationsmöglichkeiten erteilen. Deutlich wird auch, dass die Frage »Ist Laura schulreif?« plötzlich eine Kette von weiteren Fragen, mit z.T. weitreichender Bedeutung (z.B. »Ist Laura Legasthenikerin?«), nach sich ziehen kann. Da die ErzieherIn im Kindergarten meist die erste professionelle Erziehungsexpertin außerhalb der Familie ist, kann die ErzieherIn die erste Anlaufstelle für Eltern sein, wenn Fragen, Konflikte und Krisen bei der Erziehung von Kindern auftreten.

Arbeitsweise

Viele Eltern erwarten besonders bei schulischen Leistungsschwierigkeiten Hilfe und Beratung von Lehrern. Oft führt der erste Weg bei auftretenden Verhaltensauffälligkeiten die Eltern zum Hausarzt bzw. Kinderarzt, obwohl beide in der Regel keine psychologisch-pädagogische Ausbildung haben. Desweiteren werden häufig spezielle Fachdienste und Spezialisten wie Sozialer Dienst, Jugendamt, LogopädInnen, KrankengymnastInnen, ErgotherapeutInnen, PsychologInnen, KindertherapeutInnen usw. in Anspruch genommen. In vielen Fällen suchen die Eltern auch Erziehungsberatungsstellen bzw. psychologische Beratungsstellen auf, wenn Gefährdungen und Störungen in der psychischen Entwicklung ihrer Kinder zu befürchten sind.

In vielen Städten wurden in der Zwischenzeit Erziehungsberatungsstellen eingerichtet. Ihre Aufgabe ist es, den Eltern, ErzieherInnen und LehrerInnen oder auch den Kindern und Jugendlichen selbst, wenn sie auf Erziehungsschwierigkeiten stoßen, welche sie nicht selber meistern können, pädagogische Ratschläge zu erteilen, psychologische Untersuchungen und Therapien durchzuführen. In der Regel sind die Beratungsstellen so besetzt, dass ein Team von Psychologen, Heilpädagogen und Sozialpädagogen zusammenarbeitet. Das Angebot ist freiwillig, die Beratung und Therapie sind gebührenfrei und für die Fachkräfte besteht Schweigepflicht. Die Beratungsstellen unterstützen und ergänzen die Erziehung von Minderjährigen in und außerhalb der Familie; sie ist immer zugleich auch Familien- und Lebensberatung.

Die Beweggründe, warum sich Eltern an solche Beratungsstellen wenden, lassen sich schwerpunktmäßig in vier Bereiche einteilen:

- *Störungen im Sozialverhalten*
  (z.B. aggressives Verhalten, Schwindeln, Stehlen, Weglaufen oder auch überangepasstes Verhalten, soziale Isolierung, Außenseiterrolle)
- *Störungen im emotionalen Bereich*
  (z.B. übertriebene Ängstlichkeit, Abwehr von Gefühlen, Gefühlsarmut, mangelndes Zutrauen zu sich selbst)

- *Störungen im Leistungsbereich*
  (z.B. Konzentrationsstörungen, Unselbständigkeit, Interessenlosigkeit, Lese-Rechtschreib-Schwierigkeiten, Misserfolgsempfindlichkeit oder Gleichgültigkeit gegenüber Misserfolgen)
- *Psychosomatische Störungen*
  (z.B. motorische Unruhe, Einnsässen, Einkoten, Kopfschmerzen, Übergewicht, Magersucht, Schlafstörungen).

Um die Arbeitsweise einer Erziehungsberatungsstelle für den Außenstehenden etwas transparenter zu machen, sollen die folgenden Dokumente und Informationen einer psychologischen Beratungsstelle dienen. Sie können nur bruchstückhaft und keinesfalls repräsentativ für alle Erziehungsberatungsstellen gesehen werden, aber trotzdem einen kleinen Einblick in die Tätigkeit dieser Einrichtung vermitteln.

Klaus ist acht Jahre alt und besucht die 2. Klasse. Er hat Angst, in die Schule zu gehen und in der Schule zu bleiben. Er befürchtet, dass die Mutter nicht zu Hause ist, wenn er heimkommt und dass der Mutter in der Zwischenzeit etwas passiert sein könnte. Um die Mutter herum kann Klaus ausgelassen spielen. Die Mutter sorgt sich, weil er keinen Freund hat und anderen Kindern gegenüber ängstlich ist. Am ehesten spielt er noch mit jüngeren Mädchen im Hof vor dem Küchenfenster. Die Mutter hat schon alles versucht, das Kind zur Schule zu bewegen. Sie hat ihn z.B. zur Schule begleitet, ihm einen Fußball versprochen, ihm mit Schlägen gedroht … Wenn sich Klaus jedoch an die Mutter klammert, nimmt sie ihn in den Arm und tröstet ihn. Nachdem die Mutter in einem Erstgespräch von ihren Sorgen berichtet hat, kommt Klaus zum erstenmal zur Spieltherapeutin (Th.).

Th.: »Guten Tag, Klaus!«

(Klaus weint und hält sich an seiner Mutter fest.)

Th.: »Du möchtest nicht von deiner Mutter weg?«

Mutter zu Th.: »So macht er das immer.«

Mutter zu Kl.: »Du musst doch keine Angst haben, die Frau tut dir doch nichts, nun geh schon.«

(Klaus weint noch heftiger und die Mutter drückt ihn an sich.)

Th.: »Du möchtest, dass die Mutter bei dir bleibt. Die Mutter kann mit dir in das Spielzimmer gehen.«

(Mutter und Klaus gehen mit der Therapeutin ins Spielzimmer.)

Th.: »Du kannst hier mit allen Sachen spielen, wie du gerne möchtest.«
(Klaus entdeckt den Sandkasten, er läuft zur Mutter und fragt sie ins Ohr, ob er den Sandeimer nehmen darf.)
Mutter: »Oh, lass das lieber, du könntest den Sand im Zimmer verschütten.«
(Klaus entdeckt Farben und wirft der Mutter einen fragenden Blick zu.)
Th.: »Du möchtest von der Mutter wissen, ob du die Farben nehmen darfst?«
Mutter: »Damit machst du dich sicher schmutzig!«
(Klaus entdeckt nun ein rotes Auto und schaut wiederum fragend zur Mutter.)
Th.: »Du bist dir unsicher, ob du mit dem Auto fahren darfst?«
Klaus: »Ja.«

Daraufhin entwickelt sich ein erster direkter Kontakt zwischen Klaus und der Therapeutin.An diesem Beispiel wird deutlich, dass Klaus sich immer die Erlaubnis von der Mutter holt und diese für ihn jede Entscheidung trifft, so dass Klaus keinen Schritt ohne die Mutter machen kann. Deshalb hat er ständig Angst, die Mutter könnte weggehen. Die Mutter wiederum sieht, dass Klaus unselbständig ist und ihrer Hilfe bedarf. Daher widmet sie sich ihm besonders stark. Dies hält ihn weiter unselbständig, die Mutter fühlt sich mehr verpflichtet, ihm zu helfen. Das Ganze dreht sich im Kreis.

In den Beratungsgesprächen ist zum Ausdruck gekommen, dass sich die Mutter häufig allein fühlt, zu wenig Kontakt zu anderen Personen hat und sich deshalb verstärkt Klaus zuwendet. Es wurden gemeinsam mit dem Vater Möglichkeiten besprochen, dies zu verändern. Ihm wurde dabei klar, warum seine Frau oft nervös und unzufrieden war und was er selbst dazu beitragen kann, die gespannte Situation zu verbessern, z.B. durch gemeinsame Unternehmungen.

Fortschritte und Veränderungen

Durch die Spieltherapie mit dem Kind und die regelmäßigen Beratungsgespräche mit den Eltern entwickelt sich ein neuer Umgang zwischen den Familienmitgliedern. Die Mutter versucht, Klaus selbst Entscheidungen treffen zu lassen. Sie ermuntert ihn z.B. zum selbstständigen Einkaufen; dabei lernt er, sich sicherer im Straßenverkehr zu bewegen. Der Vater bestätigt die Mutter in diesem Verhalten. Klaus wird dadurch selbständiger, er trifft einige Entscheidungen schon allein, erprobt die Spielsachen im Spielzimmer und bittet auch zu Hause die Mutter nicht mehr so oft um Hilfe. Nachdem ein gemeinsames Gespräch mit Lehrer und Eltern geführt wurde, geht er auch wieder allein zur Schule.

Die Mutter ist nicht mehr so stark beansprucht von Klaus, sie wird ruhiger und erkennt, dass Klaus vieles selbst kann, so dass sie ihre Sorge und Angst, es könnte ihm etwas passieren, langsam verliert. In der 10.–15. Spielstunde ist Klaus so weit, dass er mit anderen Kindern in einer Gruppe spielen und sich auch mit ihnen auseinandersetzen kann.

Dies ist ein Beispiel eines überängstlichen Kindes. Bei Kindern mit anderen Problemen (z.B. Lern- und Leistungsstörungen, Kontaktschwierigkeiten, übermäßige Aggressivität, Schüchternheit und mangelnder Selbständigkeit, Schwierigkeiten in der Verständigung zwischen Eltern und Kind/Jugendlichem, Auffälligkeiten wie Sprechstörungen, motorische Unruhe, Einnässen und speziellen Problemen, wie sexuellen Schwierigkeiten, Selbstmordgefährdung und Suchtgefahr) sieht das Vorgehen entsprechend anders aus:

»Wir möchten mit Ihnen unter folgenden Bedingungen arbeiten: Da erfahrungsgemäß durchschnittlich 15 Beratungsgespräche und Spieltherapiestunden notwendig sind, um Erziehungsprobleme wirksam anzugehen, erwarten wir von Ihnen eine Mitarbeit von drei bis vier Monaten. Gewöhnlich führen wir Beratungsgespräche und Spieltherapie einmal wöchentlich durch.« (Angebot einer Erziehungsberatungsstelle)

Ziele und Methoden

Die psychologischen Beratungsstellen bzw. Erziehungsberatungsstellen bieten den Eltern eineAussprache- und Beratungsmöglichkeit, die ihnen zur Orientierung und Unterstützung für das eigene

Verhalten dienen soll und die weitere Vorschläge erarbeitet, wenn ihre Einwirkung fehlschlägt. Beratung wird im alltäglichen Sprachgebrauch mit persönlicher Hilfeleistung oder Einflussnahme in Angelegenheiten der Gesundheit, Lebensführung, Erziehung, Berufsfindung usw. erklärt. Bei der professionellen Beratung handelt es sich um einen Interaktionsprozess zwischen einem oder mehreren Ratsuchenden und einem oder mehreren Beratern (z.B. PsychologInnen, SozialpädagogInnen, PsychiaterInnen, ÄrztInnen, ErzieherInnen, LehrerInnen usw.). Im Mittelpunkt einer Beratungssituation steht ein Problem bzw. eine Schwierigkeit, die im Beratungsvorgang einer Lösung nähergebracht werden soll. Beratung soll dabei eine Antwort auf Probleme in der Erziehung und Hilfe bei verhaltensauffälligen Kindern geben. Als wichtige Ziele der Beratung gelten:

- Unterstützung bei der Bewältigung einer aktuellen Problematik (Reduzierung und Beseitigung von Problemen)
- Vermittlung von Anregungen und Hilfe zur Selbsthilfe
- Modifikation von Verhaltensweisen
- Zuwachs an Handlungsmöglichkeiten durch den Erwerb von Informationen oder spezieller Kompetenzen.

Die Beratung beinhaltet folgende Phasen bzw. Teilprozesse:

- *Problemanalyse, Datensammlung, Diagnose:* Der Berater versucht, die Situation des Ratsuchenden zu verstehen und sammelt deshalb Informationen, um das tatsächliche Problem und dessen Ursachen genauer zu ermitteln und um Hilfsmöglichkeiten herauszufinden.
- *Behandlung des Problems:* Erarbeitung von Problemlösungsmöglichkeiten, Durchführung der Therapie, Realisierung der Hilfe.
- *Evaluation und eventuelle Nachbehandlung:* Gemeinsame Bewertung des Handlungserfolges, Überprüfung der realisierten Vorschläge, Ermittlung von Konsequenzen.

Bei jedem Beratungsfall werden verschiedene Methoden angewendet. Das erste Gespräch dient der Beschreibung und Abgrenzung des Problems und der Aufnahme wichtiger biographischer Daten. Bei der

Befragung des Ratsuchenden spielt die Anamnese eine wichtige Rolle. Ziel der Anamnese ist die Sammlung von Informationen über die individuelle Entwicklung und über den persönlichen Lebenslauf z.B. eines Kindes. Als Quelle dieser Informationen dienen das persönliche Gespräch, Informationen von Eltern und Bekannten, Stellungnahmen von ErzieherInnen, LehrerInnen und ÄrztInnen und das Aktenstudium – falls Akten vorliegen. Die zu erhebenden Fakten beziehen sich auf:

- Grund der Vorstellung
- Wohnort und äußerer Lebensrahmen
- Krankheiten
- Biographie
- Familiensituation und Umweltbeziehungen
- Familienanamnese.

Schwerpunkte der Anamneseerhebung bilden zweifelsohne die frühe Kindheit sowie die aktuelle Lebenssituation. Aus diesen Daten versucht man Leitlinien herauszuarbeiten, die die jetzige Situation des Kindes aus seinem bisherigen Werdegang begreiflich werden lassen. Außerdem sollen dadurch zugleich Anhaltspunkte für pädagogische Maßnahmen, für eine Therapie oder weitere Beratungsgespräche gewonnen werden.

Zum Bereich der Diagnostik gehört auch die Durchführung verschiedener Testverfahren. Unter dem psychologischen Test versteht man eine Untersuchungsmethode, um die individuelle Ausprägung eines psychischen Merkmals zu erfassen. Mit Hilfe von Tests sollen folgende Ziele erreicht werden:

- Feststellung von Ursachen
- Anhaltspunkte für die weitere Behandlung
- Rückschlüsse auf Fähigkeiten, Gefühle, Interessen, Einstellungen, individuelle Eigenarten und andere Merkmale der Persönlichkeit.

Beratungsbeispiel

Das Beratungsgespräch ist in den Erziehungsberatungsstellen und psychologischen Beratungsstellen immer noch die beherrschende Beratungsform. Dabei wenden sich Eltern wegen eines Problems mit ihrem Kind an die dort tätige PsychologIn. Durch eine genaue Überprüfung der vorliegenden Schwierigkeiten, zu der ihm verschiedene diagnostische Untersuchungsmethoden zur Verfügung stehen, gewinnt die BeraterIn zunächst Informationen über das Problemkind und seine soziale Situation. Auf dieser Grundlage informiert die BeraterIn dann im Gespräch die ratsuchenden Eltern über die vorliegende Störung, ihre Ursachen und Folgen und gibt Empfehlungen, wie sich die Schwierigkeiten verringern lassen.

Zur Veranschaulichung folgt ein Beratungsbeispiel, wo es gelungen ist, in fünf persönlichen und mehreren telefonischen Kontakten die Eltern so weit zu bringen, dass sie das Kontaktbedürfnis der Kinder zu beiden Eltern als für die Kinder wichtig akzeptieren und Absprachen treffen konnten, auch wenn ihr Ablösungsstreit vermutlich noch weitergehen wird.

Die Eltern dieser Familie leben seit 10 Monaten getrennt. Der 35-jährige Vater (Angestellter einer Behörde) blieb nach der Trennung in der ehelichen Wohnung. Die Mutter hat mit den beiden Kindern – dem siebenjährigen Wolfgang und der fünfjährigen Katja – eine eigene Wohnung in einer anderen Gemeinde des Landkreises bezogen.

Mit der zuständigen Sozialarbeiterin des Sozialen Dienstes wurde für die Zeit des Getrenntlebens folgende Besuchsregelung vereinbart: Beide Kinder können vom Vater alle 14 Tage abwechselnd samstags oder sonntags für je sechs Stunden geholt werden. Diese Regelung lief sechs Monate lang. Dann weigerte sich Wolfgang, mit dem Vater mitzugehen. Die kleine Katja, die mehr am Vater zu hängen scheint, würde zwar gerne mitgehen, schließt sich dann aber Wolfgangs Haltung an.

Die Mutter interpretiert die Weigerung der Kinder als verständliche Reaktion auf das Verhalten des Vaters. Er sei besonders Wolfgang gegenüber zu barsch gewesen, habe ihn unfreundlich behandelt. Er habe sich das selber zuzuschreiben, er müsse halt besser mit seinen

Kindern umgehen. So waren inzwischen fünf Monate ohne Kontakt zwischen Vater und Kindern vergangen.

Der Vater ist ausgesprochen wütend auf seine Frau. Er geht davon aus, dass sie die Kinder gegen ihn beeinflusst hat, um ihm eines »auszuwischen« und dass ihr die Weigerung der Kinder gerade recht komme, weil sie mit ihm nichts mehr zu tun haben will. Er fühlt sich machtlos, weil die Kinder seinem Einfluss entzogen sind, was ihn noch zorniger auf seine Frau macht. In dieser Situation versucht er, sein Recht auf persönlichen Umgang gerichtlich durchzusetzen. Der Richter, der ihm formal-juristisch recht geben würde, empfiehlt beiden Eltern bei der Anhörung, sich mit diesem Problem an eine psychologische Beratungsstelle zu wenden, statt eine schwer durchsetzbare und für die seelische Lage der Kinder u.U. sehr kritische Entscheidung zu fällen (z.B. eine einstweilige Anordnung, die dann das Herausholen der Kinder mit Gerichtsvollzieher oder Polizei begründen könnte).

Beide Eltern sind nach einigem Zögern zu einem Besuch der Beratungsstelle bereit und melden sich unabhängig voneinander kurz hintereinander an.

Beratungsverlauf:

In je einem ersten Gespräch mit Mutter und Vater geht es zunächst darum, beiden die Möglichkeit zu geben, über ihren Zorn aufeinander, die gegenseitigen Kränkungen zu reden und sie ihre Vorwürfe und Enttäuschung aussprechen zu lassen. Es geht also darum, Verständnis für jede Seite zu entwickeln, dabei aber allmählich von juristischen Fragen und partnerschaftlichen Auseinandersetzungen weg, mehr zur psychologischen Bedeutung der Trennung für die Kinder zu kommen. Die Ex-Partner sind in ihrer Auseinandersetzung so aufeinander negativ fixiert, dass es ihnen zunächst schwer fällt, die seelische Lage der Kinder zu sehen. Es geht ihnen mehr darum, sich gegenseitig die Schuld an der Situation zuzuschreiben sowie um Machtkämpfe und Revanchen nach »juristischen Tiefschlägen« in Form von geharnischten Anwaltsschreiben. Nachdem diesen Negativgefühlen in der Beratungssituation Raum gegeben wurde, ist ein Eingehen der Eltern auf die Kinder möglich.

Klärung der Beziehungsproblematik

Von den Beratern wird die Grundauffassung deutlich gemacht, dass Kinder, wenn irgend möglich, Kontakt zu beiden Elternteilen haben wollen und brauchen. Mit diesem Nachdruck stimmen beide Eltern einem gemeinsamen Gespräch zu. Bei diesem herrscht zwar eine eisige Atmosphäre, immerhin gelingt es aber, den ungeduldig auf sein Recht drängenden Vater zu mehr Geduld zu bewegen und die Bereitschaft der bei jedem passenden Stichwort explodierenden Mutter zu einem neuen Kontaktversuch zwischen Vater und Kindern zu gewinnen.Kinder und Mutter kommen im nächsten Schritt zu einem gemeinsamen Spiel hierher, damit die Kinder das Spielzimmer und den Berater kennenlernen können. Die Mutter übernimmt es, die Kinder darauf vorzubereiten, dass der Vater sie gerne wieder sehen möchte und die Begegnung hier stattfinden soll. Zu Hause war bei solchen Gelegenheiten Wolfgang weggelaufen. Dies droht er auch für das Zusammentreffen bei uns an. Dadurch, dass die Mutter zu Hause den Kontakt der Kinder zum Vater vorbereitet hat, gelingt es in einem weiteren Treffen, Kinder und Vater wieder zusammenzubringen. Zwar versteckt sich Wolfgang zunächst vor dem Vater, Katja kann ihre Freude über das Wiedersehen aber nicht zurückhalten, und ihr spontanes Zugehen auf den Vater lockert dessen Nervosität und ermöglicht ihm so, in Ruhe und ohne zu drängen auf Wolfgang zuzugehen. Schließlich spielen Vater und Kinder in der Puppenecke des Spielzimmers, während Mutter und Berater sich im Hintergrund halten.

Diese Wiederbegegnung führt in der Folgezeit zunächst zu kürzeren, dann wieder längeren regelmäßigen Treffen von Vater und Kindern. Wichtig ist dabei am Anfang, besonders für Wolfgang, dass die Mutter in greifbarer Nähe ist und Sicherheit vermittelt.

Resümee:
Typisch für Wolfgangs Situation war sicher, dass er sich nach der Trennung der Eltern ganz stark mit der Mutter solidarisierte, deren wachsenden Zorn und Abneigung gegen den Vater spürte und so schließlich – um nicht auch noch das Risiko einzugehen, von der Mutter verlassen zu werden – den Vater selbst zurückwies – entgegen seinen eigentlichen Interessen.

Wie im Fall aufgezeigt, ist es in der Scheidungssituation neben dem Verständnis und derUnterstützung für die Kinder wichtig, den Eltern in ihrer Beziehungsproblematik zu helfen, damit sie wieder frei werden, die Belastungen und Bedürfnisse der Kinder zu sehen. Dabei sind sich die Berater bewusst, wie schwierig dieser Prozess für »Scheidungseltern« ist und sprechen auch die Anerkennung den Eltern gegenüber deutlich aus, wenn diese, wie im vorgestellten Fall, im Interesse der Kinder ihr Gekränktsein und ihr Rachebedürfnis zurückstellen und von der juristischen Eskalation ablassen können. Allgemein kann gesagt werden, dass aus Sicht der Kinder es erstrebenswert ist, wenn der Kontakt zu den Eltern entsprechend den Bedürfnissen der Kinder zwanglos möglich ist.

Therapien

Die Beratung umfasst sowohl die Unterstützung der Eltern durch Ratschläge und Hinweise als auch intensive erzieherische Hilfe in Form einer oder verschiedener Therapien. Eine Wandlung elterlicher Einstellungen und Erziehungspraktiken und eine Änderung bei verhaltensgestörten Kindern ist meist nur durch Therapien oder durch gezieltes Training zu erreichen. Die Therapien weisen eine Vielfalt verschiedener Richtungen und Techniken auf, was sowohl die Breite der therapeutischen Zielsetzungen als auch die Mannigfaltigkeit der Erscheinungsbilder und Entstehungs- und Behandlungsmöglichkeiten von Verhaltensstörungen widerspiegelt. Im Folgenden werden nur die am häufigsten in Beratungsstellen praktizierten Therapien vorgestellt:

Spieltherapie

Die Spieltherapie wird oft als Behandlungsmethode bei verhaltensgestörten Kindern angewandt. Im Zentrum dieser Therapie stehen spielerische Aktivitäten des Kindes. Ausgangspunkt dieses Therapieansatzes ist die Überlegung, dass Kinder im Spiel unbewusste, psychische und soziale Konflikte ausleben können. Die Aufgabe der

TherapeutIn besteht darin, dass mit seiner Hilfe die Konflikte des Kindes verarbeitet und bewältigt werden.

Verhaltenstherapie

Als weiteres Verfahren bei der Behandlung von Verhaltensstörungen kommt die Verhaltenstherapie zur Anwendung. Diese Technik geht von der lernpsychologischen Erkenntnis aus, dass die Mehrzahl der menschlichen Verhaltensweisen im Laufes des Lebens gelernt werden. Der Löschung gestörten Verhaltens und dem Aufbau erwünschter Verhaltensweisen geht immer eine genaue Verhaltensanalyse voraus. In der Regel dauert eine Verhaltenstherapie kürzere Zeit als andere Methoden, weshalb sie gerne bei manifesten Störungen eingesetzt wird. Spezielle Lernsituationen sollen dem Kind die Aneignung der erforderlichen Verhaltensmuster ermöglichen. Andererseits sieht die Verhaltenstherapie auch das Verlernen bzw. die Löschung unangepasster Verhaltensweisen vor. Diese Therapieform geht davon aus, dass mit Hilfe von positiven und negativen Verstärkern das Verhalten des Kindes in einer gewünschten Weise verändert oder neu gelernt wird. Wenn auf ein bestimmtes Verhalten immer wieder ein Lob oder eine erhöhte Aufmerksamkeit (positive Verstärkung), aber auch ein erfolgreiches Entziehen von notwendigen oder wünschenswerten Tätigkeiten (negative Verstärkung) folgt, so wird damit die Auftrittswahrscheinlichkeit und Stabilität dieses Verhaltens gesteigert. Als wichtige Strategien zur Verhaltensänderung können unterschieden werden:

Shaping (Verhaltensformung)

Das Grundprinzip ist bei dieser Vorgehensweise, dass das Kind allmählich und durch sukzessive positive Verstärkung auf ein bestimmtes und erwünschtes Verhalten herangeführt wird. Kleinste Ansätze und Schritte in Richtung der Zielverhaltensweise sollen positiv verstärkt werden (z.B. das schrittweise Erlernen des Essens mit Gabel und Messer).

Systematische Desensibilisierung

Sie findet speziell Anwendung bei der Reduktion von Angstzuständen und Phobien. Hierbei geht es um das schrittweise Verlernen von Ängsten, wobei in aufsteigender Hierarchie von der schwächsten bis zu der stärksten angstauslösenden Situation vorgegangen wird.

Rollenspiel

Beim Rollenspiel werden konkrete Verhaltensweisen – zunächst von einem Modell vorgespielt – in ihren einzelnen Schritten und möglichen Reaktionen des sozialen Umfeldes mehrere Male durchgespielt. Zusätzliche Lerneffekte werden durch den Rollentausch erworben. Somit können die gespielten Verhaltensmodelle längerfristig zu einem Bestandteil des kindlichen Verhaltens werden.

Elterntraining

Damit Eltern ihre bisherige Erziehungspraxis besser verstehen und ihr eigenes Erzieherverhalten gegebenenfalls ändern können, bietet sich hier die Möglichkeit des Elterntrainings an. In welchen Stufen ein Elterntraining ablaufen kann, zeigt die folgende Übersicht (vgl. Müller, 1976):

Eltern lernen:

- *Voraussetzungen für Verhaltensänderungen zu schaffen*
  Eltern lernen, dass das Gesamtverhalten aus einzelnen Verhaltenseinheiten zusammengesetzt ist. Mit Hilfe eines Beobachtungsbogens werden Aufzeichnungen spezifischer Verhaltensweisen des Kindes gemacht.
  Ziel: Lernen, Verhalten spezifisch zu benennen und zu beobachten.
- *problematische Erziehungssituationen im Verhaltensspiel darzustellen*
  Eltern lernen, problematische Erziehungssituationen im Verhaltensspiel darzustellen.

Ziel: Eltern sollen ihr Verhalten und das Kindverhalten darstellen und in der Darstellung die jeweiligen Auswirkungen selbst erleben, anstatt nur darüber zu berichten.

- *Interaktionen zu erfassen, zu protokollieren und zu bewerten*
  Ziel: Eltern sollen erkennen, dass Interaktionen in Verhaltensketten ablaufen; sie werden sich darüber bewusst, dass das Verhalten der einzelnen Familienmitglieder wechselseitig bedingt ist.
- *wie sich Verhalten am Erfolg orientiert*
  Ziel: Eltern werden mit den wichtigsten Prinzipien der Verhaltenssteuerung bekannt gemacht (z.B. Verstärker, Entzug von Verstärkern, prägnante Hinweise).
- *Verhaltensregeln zur Veränderung problematischer Situationen zu entwickeln*
  Eltern haben meist nur ein begrenztes Verhaltensrepertoire, um problematische Familiensituationen zu bewältigen (z.B. wie sie loben und auf ständiges Quengeln reagieren). In gespielten Szenen lernen sie neue Verhaltensweisen kennen (z.B. Imitieren anderer Eltern).
  Ziel: Das Familienleben soll für alle transparenter werden.
- *alternatives Verhalten einzuüben und in der Praxis einzusetzen*
  Elterliche Erziehungsmaßnahmen geschehen häufig zu oft und zu früh (z.B. Tadeln) oder zu selten (z.B. Ermutigung). Im Training lernen Eltern, sich zu kontrollieren und ihr Verhalten überlegt einzusetzen.
  Ziel: Erweiterung des Verhaltensrepertoires.
- *Selbstkontrolle anzuwenden.*
  Ziel: Eltern soll die Anwendung der gelernten Methoden in der Praxis erleichtert werden.

Familientherapie

Die Familientherapie hat als relativ junge Therapierichtung seit den Anfängen in den siebziger Jahren in Deutschland zunehmend an Bedeutung und Zustimmung als anerkanntes Psychotherapieverfahren erlangt. Bei der Familientherapie liegt der Schwerpunkt der Behandlung bei der Familie als Ganzem: »Sie sieht ein jeweiliges Problemverhalten oder eine Störung des Kindes immer in die Familie eingebettet, wobei ein jeweiliges Symptom die Organisation der Familie widerspiegelt. Damit ist gemeint, dass die Art der Beziehungen der Familienmitglieder untereinander und ihr Austausch an Botschaften und Handlungen mit dem Symptom des Kindes in einer ganz bestimmten Beziehung stehen. So kann z.B. eine übermäßig enge Bindung eines ängstlichen Kindes an seine Mutter Ausdruck einer gestörten Partnerschaft zwischen den Eltern sein« (Steinhausen, 2000, 55). Die Familientherapie zielt daraufhin, dass die Verhaltensstörung des Kindes und der Fortbestand dieser Störung durch die jeweilige Familienorganisation zum Vorschein kommen und eine Veränderung mit geeigneten Techniken eingeleitet wird. Dafür sind gemeinsame Sitzungen mit der ganzen Familie notwendig. Diese Vorgehensweise beinhaltet für die Familie die Bewältigung von speziellen Aufgaben zu Hause, welche dann in den anschließenden Therapiesitzungen erzählt und analysiert werden.

Zusammenfassung

- Da die ErzieherIn im Kindergarten meist die erste Erziehungsexpertin ist, kann sie die erste Anlaufstelle für Eltern sein, wenn Fragen, Konflikte und Krisen bei der Erziehung von Kindern auftreten.
- Viele Eltern erwarten besonders bei schulischen Leistungsschwierigkeiten Hilfe und Beratung von Lehrern.
- Oft führt der Weg bei auftretenden Verhaltensauffälligkeiten die Eltern zum Hausarzt bzw. Kinderarzt. Desweiteren werden häufig spezielle Fachdienste und Spezialisten wie Sozialer Dienst, Jugendamt, Psychologische Beratungsstelle, Erziehungsberatungsstelle, LogopädInnen, PhysiotherapeutInnen, ErgotherapeutInnen, KindertherapeutInnen und Kinder- und JugendpsychiaterInnen in Anspruch genommen.
- Die Aufgabe von psychologischen Beratungsstellen bzw. Erziehungsberatungsstellen ist es, den Eltern oder auch den Kindern und Jugendlichen selbst, wenn sie auf Erziehungsschwierigkeiten stoßen, welche sie selber nicht meistern können, pädagogische Ratschläge zu erteilen, psychologische Untersuchungen und Therapien durchzuführen.

- Im Mittelpunkt einer Beratungssituation steht ein Problem bzw. eine Schwierigkeit, die im Beratungsvorgang einer Lösung nähergebracht werden soll. Beratung soll dabei eine Antwort auf Probleme in der Erziehung und Hilfe bei verhaltensauffälligen Kindern geben.
- In der Beratungssituation spielt die Anamnese eine wichtige Rolle. Ziel der Anamnese ist die Sammlung von Informationen über die individuelle Entwicklung und über den persönlichen Lebenslauf z.B. eines Kindes. Schwerpunkte der Anamneseerhebung bilden die frühe Kindheit sowie die aktuelle Lebenssituation.
- Eng verknüpft mit der Anamnese ist die Exploration (Erkundung). Hierbei handelt es sich um ein Gespräch, um Stellungnahmen der betroffenen Personen zu den erhobenen Anamnesedaten sowie zu dem jeweiligen Problem zu erhalten.
- Zum Bereich der Diagnostik gehört auch die Durchführung verschiedener Testverfahren. Mit dieser Untersuchungsmethode soll die individuelle Ausprägung eines psychischen Merkmals erfasst werden.
- Die Beratung umfasst auch eine erzieherische Hilfe in Form einer oder verschiedener Therapien. Die Therapien weisen eine Vielfalt verschiedener Richtungen und Techniken auf, was sowohl die Breite der therapeutischen Zielsetzungen als auch die Mannigfaltigkeit der Erscheinungsbilder und Entstehungs- und Behandlungsmöglichkeiten von Verhaltensstörungen widerspiegelt.
- In der Spieltherapie wird durch eine gezielte Verwendung des Spiels und durch ein verständnisvolles Eingreifen des Therapeuten versucht, kindliche Ängste, Minderwertigkeitsgefühle usw. abzubauen.
- Die Verhaltenstherapie geht von der lernpsychologischen Erkenntnis aus, dass die Mehrzahl der menschlichen Verhaltensweisen im Laufes des Lebens gelernt werden. Spezielle Lernsituationen sollen dem Kind die Aneignung der erforderlichen Verhaltensmuster ermöglichen. Andererseits sieht diese Therapie auch das Verlernen bzw. die Löschung unangepasster Verhaltensweisen vor.
- Die Familientherapie zielt daraufhin, dass die Verhaltensstörung des Kindes und der Fortbestand dieser Störung durch die jeweilige Familienorganisation zum Vorschein kommen und eine Veränderung mit geeigneten Techniken eingeleitet wird.

Anregungen

- Holen Sie sich selbst oder in Kleingruppen Auskünfte bei Psychologischen Beratungsstellen und Erziehungsberatungsstellen.
- Erstellen Sie ein Verzeichnis der Psychologischen Beratungsstellen, Erziehungsberatungsstellen, KinderärztInnen, -therapeutInnen, Kinder- und JugendpsychiaterInnen, LogopädInnen und ErgotherapeutInnen Ihrer Region.

3.5 Erzieherisches Vorgehen

- *Aufbau eines pädagogischen Verhältnisses zum betreffenden Kind* (schrittweise Kontaktanbahnung, Herstellen einer Vertrauensbasis usw.)
  Dies verlangt von der ErzieherIn bzw. LehrerIn in hohem Maße Einfühlungsvermögen und sehr viel Ausdauer und Geduld, wobei immer von der Individuallage (Entwicklungsstand, bisherige Lebensgeschichte usw.) des einzelnen Kindes ausgegangen werden sollte.Immer wieder gilt es für Eltern, ErzieherInnen und LehrerInnen, Blockierungen, die sich gegen eine echte Problembewältigung stellen, zu überwinden. Um ein Problem als solches zu erkennen, bedarf es von seiten der Erziehenden Fähigkeiten wie geschulte Beobachtungsgabe, Einfühlungsvermögen in Menschen und Situationen, Sensibilität für die Abläufe in der Gruppe, unter den Kindern und im Kind selbst, die Bereitschaft, erkennen zu wollen, Kritikfähigkeit sich selbst und anderen gegenüber usw. Um eine Störung zu erkennen,bedarf es langandauernder, häufiger Beobachtung des »gestörten« Verhaltens, eigener Reflexionen über sein erzieherisches Verhalten, Informationsaustausch von Beobachtungen und Erfahrungen mit den KollegInnen, Auseinandersetzung mit der Vergangenheit, Gegenwart und Zukunft des Kindes.

- *Einzelgespräche und Einzelbeschäftigungen* mit dem jeweiligen Kind (wie z.B. Singen und Musizieren, Basteln und Malen, Einzel- und Gruppenspiel, jegliche Kommunikationsform, Spiele usw.).

- *Lernpsychologische Grundlagen*
  Für Eltern, ErzieherInnen und LehrerInnen bietet sich die Möglichkeit, einige wesentliche lernpsychologische Prinzipien als Erziehungsmittel im Sinne einer Verhaltensänderung einzusetzen. I. Florin und W. Tunner machen in ihrem Buch »Behandlung kindlicher Verhaltensstörungen« (1976) dazu folgende Vorschläge:
  - Verhaltensweisen, die häufiger auftreten sollen, müssen verstärkt werden (Die Wirksamkeit der Verstärker muss überhaupt immer wieder neu ausprobiert werden.).
  - Verhaltensweisen, die seltener auftreten sollen, dürfen nicht verstärkt werden.
  - Verstärker müssen sofort auf das gewünschte Verhalten folgen.
  - Verhaltensweisen, die häufiger auftreten sollen, müssen wiederholt verstärkt werden.
  - Neue Verhaltensweisen werden in kleinen aufeinander aufbauenden Schritten gelernt.
  - Unerwünschte Verhaltensweisen können durch die Ausbildung erwünschter Verhaltensweisen beseitigt werden.
  - Der Einsatz von Bestrafung erfordert ein hohes Maß an Selbstkontrolle und präzise Überlegungen zum Aufbau positiven Verhaltens.
  - Möglichkeiten zur Nachahmung erleichtern das Lernen (Eltern, ErzieherInnen und LehrerInnen haben Modellcharakter als positives Vorbild.).

Zusammenfassung

- Die ErzieherIn bzw. LehrerIn sollte zu dem verhaltensgestörten bzw. -auffälligen Kind schrittweise einen Kontakt anbahnen, um damit zunehmend für eine Vertrauensbasis zu sorgen.
- Einzelgespräche und Einzelbeschäftigungen sollten das betroffene Kind unterstützen.
- Für Eltern, ErzieherInnen und LehrerInnen bietet sich die Möglichkeit, einige wesentliche lernpsychologische Prinzipien als Erziehungsmittel im Sinne einer Verhaltensänderung einzusetzen (positiv verstärken, ermutigen, vorbildliches Beispiel geben, logische Konsequenzen einer Handlung usw.).

Anregungen

- Finden Sie Beispiele aus dem Alltag, in denen Erziehende Kindern durch Vormachen erwünschtes Verhalten beibringen.
- Erkennen und betonen Sie die starken Seiten und guten Anlagen eines verhaltensauffälligen Kindes.
- Elke soll für die Mutter eine Besorgung machen. Bringen Sie von der Bitte bis zum Lob ein Beispiel, wie die Mutter vor und nach erfülltem Auftrag mit dem Kind sprechen könnte.
- Überlegen Sie sich angemessene Belohnungen, die einem achtjährigen Kind, einem 15-jährigen Jugendlichen und Ihnen selbst gefallen würden.

4. Vorschläge für eine vorbeugende Erziehung

Erziehung in der Familie muss als Aufgabe der Eltern wieder verstärkt an Bedeutung gewinnen. Wie das zu erreichen ist und wie der Trend zum Abschied von der Erziehung gestoppt werden soll, ist nicht einfach zu beantworten. Ein schlüssiges Konzept oder Patentrezepte für ein erneuertes Verständnis für Erziehung und Lösungen für ein stärkeres Engagement für die Übernahme von Erziehungsaufgaben sind schwerlich aus dem Hut zu zaubern. Ein Vorschlag, der dazu beitragen könnte, ein Umfeld zu schaffen, in dem sich Kinder positiv entwickeln können, wäre die Wiederentdeckung und die Intensivierung der folgenden elterlichen Qualitäten:

- Bereit und fähig sein, das Kind um seiner selbst willen zu lieben: »Ein Kind braucht wenigstens einen Menschen, der es uneingeschränkt liebt und für den dieses Kind wichtiger ist als andere Kinder« (Bronfenbrenner, in: Packard, 1986, 301). Ein Kind, das Geborgenheit erleben darf, lernt Vertrauen. Ein Kind, das geliebt wird, lernt Liebe in dieser Welt zu empfinden. Kinder brauchen emotionale Sicherheit. Das bedeutet: Auch wenn Eltern gestresst sind, im Moment wenig Zeit für das Kind haben oder ein Konflikt besteht, Kinder müssen wissen, dass sie so wie sie sind, geliebt werden. Die Liebe zum Kind muss verlässlich, beständig und unerschütterlich sein.
- Sich Zeit nehmen für das Kind und sich mit ihm so häufig wie möglich beschäftigen. Das kann sich z.B. auf das miteinander reden über Hobbys und Interessen, auf wichtige Gespräche über Schwierigkeiten, auf gemeinsame Unternehmungen oder auf das Vorlesen aus einem Bilderbuch beziehen.
- Dem Kind bei der Entwicklung eines positiven Selbstwertgefühls (Ich-Stärke) helfen. Dies verlangt, dass Eltern ihrem Kind mit

Achtung und Verständnis begegnen und dem Kind Anerkennung und Bestätigung geben. Kinder brauchen die Grunderfahrung, dass ihre Eltern viel von ihnen halten und ihnen etwas zutrauen.

- Dem Kind Leistungsfreude vermitteln. Für die Kinder sind Erfolgserlebnisse wichtig. Dabei sollen keine überzogenen Anforderungen vorgegeben oder Leistungsdruck und blinder Ehrgeiz erzeugt werden. Die Eltern sollen nicht nur die Leistung ihres Kindes loben. Viel wichtiger ist es, bereits die Anstrengung zu loben.
- Das Kind bei der Erkundung seiner Umwelt unterstützen. Kinder brauchen die Möglichkeit, eigene und auch neue Erfahrungen zu machen. Dieser Freiraum ist für Kinder notwendig, weil sie durch eigene Aktivitäten lernen, die Realität selbst zu begreifen. Die kindliche Eroberung der Umwelt schließt das Setzen von Grenzen mit ein. Kinder werden auch dadurch ernst genommen, wenn sie Widerspruch erfahren und ihnen Grenzen aufgezeigt werden.
- Gemeinsam und allein erziehende Eltern sollten aktiv daran arbeiten, die Familienzusammengehörigkeit zu stärken. Nick Stinnet (Universität von Nebraska) nannte die folgenden Merkmale, die sich als wesenstypisch für Familien mit ausgeprägtem Familiensinn erwiesen haben:
  - Die Familienmitglieder zeigen, dass sie einander sehr schätzen und geben sich gegenseitig psychischen Halt.
  - Sie verbringen viel Zeit miteinander und genießen das Zusammensein.
  - Sie sprechen über alles offen miteinander, sodass Gerüchte und Missverständnisse gar nicht erst entstehen können.
  - Glück und Wohlergehen der anderen sind jedem Einzelnen ein wichtiges Anliegen.
  - Ihr Leben ist oft von weltanschaulichen Idealen geprägt. Das scheint ihnen zu einem sinnerfüllten Leben und zu größerer Toleranz und Nachsicht untereinander zu verhelfen.
  - Auf der Grundlage des gegenseitigen Vertrauens werden Krisensituationen in gemeinsamer Anstrengung bewältigt, anstatt den Zusammenhalt der Familie zu gefährden.
- Das Kind bei seinen natürlichen Bewegungsbedürfnissen unterstützen. Eine drohende »Verhäuslichung« der Kinder kann ver-

hindert werden, wenn den Kindern genügend Zeit für rennen, toben, springen, Spiel im Freien und Freude an der körperlichen Anstrengung zugestanden wird. Eltern sollten nicht nur für eine gute körperliche Verfassung ihrer Kinder sorgen, sondern sich daneben auch um eine gesunde Ernährung ihrer Kinder bemühen.

- Dem Kind Kontakte und Beziehungen außerhalb der Familie ermöglichen. Kinder benötigen neben der eigenen Familie auch andere Kinder für Kameradschaft, Freundschaft und Zuneigung. Besonders für Einzelkinder sind solche Kontakte nach außen wichtig. Kinder brauchen gleichaltrige Freunde für gemeinsame Unternehmungen.
- Dem Kind Regeln und Werte vermitteln. Heute wachsen zunehmend mehr Kinder und Jugendliche heran, die nur sehr vage Wertvorstellungen haben. Bei vielen Erwachsenen verhält es sich nicht anders. Das Verschwinden allgemein anerkannter und selbstverständlicher Wertmaßstäbe erschwert die Weitergabe von ethischen und moralischen Anschauungen. Eine partnerschaftliche Erziehung verlangt gemeinsame Absprachen und das Vorleben sowie das Aushandeln von Umgangsformen und Regeln mit entsprechenden Begründungen und Erläuterungen: »Kinder müssen wissen, was man als Elternteil billigt und was nicht. In dem Maße, wie Kinder eine Struktur bekommen, entstehen bei ihnen Verhaltenssicherheiten. Das sind auch Entlastungen. Ein Kind kann nicht unter 20 Alternativen wählen« (Negt, 1995, 47).
- Das Kind Verantwortung übernehmen lassen. Kinder versuchen schon früh alltägliche Dinge wie z.B. Essen, Anziehen, Sich-waschen usw. alleine zu bewältigen. Dieses Bedürfnis des »Selbermachens« sollte hinsichtlich Verantwortung und Unabhängigkeit entsprechend dem Alter und Entwicklungsstand des Kindes von den Eltern unterstützt werden. Selbstständigkeit und das Übertragen von Verantwortung muss unter der Anleitung der Eltern geübt werden, wobei das Vorbild, welches wir selbst dem Kind geben, Anschauungen und Verhalten eines Kindes dauerhaft und wirksam beeinflusst.

Diese Anregungen können nur verwirklicht werden, wenn sich Eltern verstärkt um das Wohl ihrer Kinder bemühen und diese Vorschläge in der Erziehung anwenden. Dann besteht eine Chance, dass sich die Probleme und Leiden vieler Heranwachsender reduzieren und dass ihre Entwicklung zu einem glücklichen Menschen positiv unterstützt wird. Eine deutliche Verbesserung der Situation der Kinder in unserer Gesellschaft kann aber nur gelingen, wenn das Gemeinschaftsleben eine Wiederbelebung und erhöhte Aufmerksamkeit gewinnt. Dies schließt ein Bemühen um eine rücksichtsvollere und menschlichere Gesellschaft mit ein. Die Bindung zur eigenen Familie und die Bindung zu Freunden und Nachbarn müssen wieder mehr gepflegt werden: »Ein Regime, das Menschen keinen tiefen Grund gibt, sich umeinander zu kümmern, kann seine Legitimität nicht lange aufrechterhalten« (Richard Sennett, in: Frankfurter Rundschau, 29.5.1998). Die zerstörerischen Folgen eines bindungslosen Individualismus sollten überwunden und gemeinschaftsfördernde Traditionen und Praktiken erneuert und gestärkt werden. Das Gefüge von einem Zuviel an Individualismus muss sich hin zu einem Mehr an Gemeinschaft verschieben. Wenn wir kindgerechtere Lebensbedingungen erlangen wollen und das heutige Kindsein verbessern möchten, muss an Ort und Stelle (z.B. Stadtviertel, Familie usw.) angefangen werden. Es ließe sich eine Menge erreichen, wenn z.B. Eltern mit einem leidenschaftlichen Engagement daran gingen, den Gemeinschaftsgeist wiederaufleben zu lassen (Elterngesprächsgruppen, Nachbarschaftshilfe, Spielkreise, Selbsthilfegruppen, selbst organisierte Elternarbeit, Bürgerinitiativen).

Literatur

Aries, P.: Geschichte der Kindheit, München 1975

Bründel, H./Hurrelmann, K.: Gewalt macht Schule – Wie gehen wir mit aggressiven Schülern um? München 1994

Bundeszentrale für gesundheitliche Aufklärung: Achtsamkeit und Anerkennung – Materialien zur Förderung des Sozialverhaltens in der Grundschule, Köln 2002

DeGrandpre, R.: Der Verlust der Langsamkeit, in: Psychologie heute 10/2002

Deißler,H.: Der Freiburger Modellkindergarten,München 1978

Deutsche Shell (Hrsg.): Jugend 97, 12, Shell-Jugendstudie, Opladen 1997

Erziehung und Wissenschaft 10/1991

Florin, I./Tunner, W.: Behandlung kindlicher Verhaltensstörungen, München 1976

Frick, R.: Der Beratungslehrer, in: Westermanns Pädagogische Beiträge 6/1975

Gudjons, H.: Spielbuch Interaktionserziehung, Bad Heilbrunn 1992

Guha, A.: Sexualität und Pornographie – Die organisierte Entmündigung, Frankfurt a.M. 1976

Huppertz, N.: Elternarbeit vom Kindergarten aus, Freiburg/Br. 1979

Hurrelmann,K.:Statusunsicherheit und psychosomatische Beschwerden im Jugendalter,in: Zeitschrift für Sozialisationsforschung und Erziehungssoziologie 7/1987

Hurrelmann, K.: Soll die Suchtprävention schon im Kindergarten beginnen? in: Informationsdienst zur Suchtprävention 8/1995

Hüther, G.: Kindergehirne sind keine Maschinen, in: Psychologie Heute 10/2002

Kolonko, B.: Sprachpädagogische Arbeit im Kindergarten – Eine Arbeitshilfe für Ausbildung und Praxis, Hamburg 1997

Krenz, A.: Kompendium zur Beobachtung und Beurteilung von Kindern und Jugendlichen, Heidelberg 1992

Krowatschek, D.: Überaktive Kinder im Unterricht, Dortmund 2002

Linder, M.: Lesestörungen bei normalbegabten Kindern, 1962

Lynn, G.: Survival Strategies For Parenting Your ADD Child, Grass Valley,CA 1996

Maas, M.: Alarmzeichen im Kindergarten, in: Kindergarten heute 3/1972

Mayr, T.: Psychische Entwicklung und Sucht im Vorschulalter, in: Informationsdienst zur Suchtprävention 8/1995

Müller, G.: Präventives Elterntraining, in: Psychologie Heute 4/1976

Murdock, M.: Dann trägt mich meine Wolke … Wie Große und Kleine spielend leicht lernen, Freiburg/Br. 1990
Neuhaus, C.: Das hyperaktive Kind und seine Probleme, Berlin 1999
Negt, O.: Achtundsechzig – Politische Intellektuelle und die Macht, Göttingen 1995
Novak, F./Finster, H./Schneider,K.: Psychologie 1, München 1976
Packard, V.: Verlust der Geborgenheit, Frankfurt a. M. 1986
Petermann, F./Petermann, U.: Training mit sozial unsicheren Kindern, Weinheim 1996
Rosemann, H.: Lern- und Verhaltensstörungen, Berlin 1975
Sagi, A.: Verhaltensauffällige Kinder im Kindergarten, Freiburg/Br. 1982
Schwerin, A. von: Sprache haben – sprechen können. Hilfen für sprach- und sprechauffällige Kinder im Kindergarten, Freiburg/Br. 1987
Steinhausen, H.: Seelische Störungen im Kindes- und Jugendalter, Stuttgart 2000
Struck, P.: Schul- und Erziehungsnot in Deutschland, Neuwied 1992
Utz, H.: Gemeinsam an einem Strang ziehen, in: Kindergarten heute 2/2000
Walker, S.:The Hyperactivitiy Hoax, New York 1998
Wendlandt, W.: Sprachstörungen im Kindesalter, Stuttgart 2000
Wilhelm, K.: Leben im Vollgas im Hier und Jetzt, in: Psychologie Heute 4/2000
Wolf, T.: Der heilerzieherische Auftrag der Kindergärtnerin, in: Theorie und Praxis der Sozialpädagogik 5/1972
Zimmer, R.: Handbuch der Sinneswahrnehmung, Freiburg/Br. 1995